太湖观澜

TAI HU GUAN LAN

中国·苏州

古吴轩出版社

《文蕴高新》丛书

刘 放／著

图书在版编目（CIP）数据

太湖观澜/刘放著. — 苏州：古吴轩出版社，
2018.8
　（文蕴高新）
　ISBN 978-7-5546-1200-2

Ⅰ.①太…　Ⅱ.①刘…　Ⅲ.①太湖－介绍　Ⅳ.①K928.43

中国版本图书馆CIP数据核字（2018）第183201号

责任编辑：俞　都
装帧设计：卞　锐　尚　海　朱　坤
责任校对：徐小良　黄川川
责任照排：卞　锐
图片提供：苏州高新区党工委宣传部 苏州高新区摄影家协会
　　　　　刘　放等

书　　名：太湖观澜
著　　者：刘　放
出版发行：古吴轩出版社
　　　　　地址：苏州市十梓街458号　　邮编：215006
　　　　　Http：//www.guwuxuancbs.com　E-mail：gwxcbs@126.com
　　　　　电话：0512-65233679　　　　传真：0512-65220750
出 版 人：钱经纬
印　　刷：苏州市越洋印刷有限公司
开　　本：889×1194　1 / 32
印　　张：6.75
版　　次：2018年8月第1版　第1次印刷
书　　号：ISBN 978-7-5546-1200-2
定　　价：36.00元

如有印装质量问题，请与印刷厂联系：0512-68180628

《文蕴高新》丛书编委会名单

主　任：徐美健

副主任：吴新明

执行副主任：朱奚红　周伟茋

编　委：徐　群　张建群　陈永生　苏久华

　　　　杜　衡　钦瑞兴　郭翔南

《文蕴高新》丛书序

范小青

1990 的秋天，苏州古城以西，太湖东岸，运河之畔，狮山脚下，在那一片土地上，出现了两个字——高新，成立了一个区，全称是苏州高新技术开发区。

在那个时代，在那些特殊岁月中的早一些的日子，或者迟一些的后来，在全国各地各处，出现了许许多多的"高新"，许许多多的"经济发展""技术开发"，如雨后春笋，星罗棋布。

而今，近三十年过去了，许多"高新"已不再高新，许多"开发"也已成为过去时，而当我们回望苏州高新区的前进足迹时，我们欣喜地看到，苏州高新区的路，越走越新，她展翅翱翔，越飞越高远。

天高任鸟飞，海阔凭鱼跃。

因为土厚，所以根深，因为根深，所以叶茂，这就是苏州高新区的今天：梦想照进现实。

苏州西部的这片土地，是热土，是厚土，是沃土，是一片神奇的地方，是一块遍地玑珠的宝地。千百年来，这里洒落了一地的文化的种子，沉淀着浓厚的内力，积累出非同一般的耐力，所以——

苏州以西，有山，山不在高，有满山丰硕的果实，那是文化的力量所滋养所催生的果实；

苏州以西，有水，水很辽阔，太湖运河相辅相成，那是历史的风雨所荡涤所洗礼的结晶；

苏州以西，有艺，艺很精湛，妙手撷英一应俱全，那是民间大家工匠精神的具体体现。

阳山耸秀，白云红叶影离离；
运河流芳，姑苏城外寒山寺；
太湖观澜，湖山处处好淹留；
百工遗韵，一方素帕寄心知；
锦绣兰心，瑶姬学绣流苏幔。

是的，我们知道，苏州高新区遍地胜览遍地贤，满山珍宝满山趣，我们愿意尽情地去行走，我们希望全身心地去投入，只是可惜了，我们的足迹，恐怕无法踏遍高新区的每一寸土地，即便是随意地走一走，看一看，对于忙碌而焦虑的现代人来说，可能都是十分奢侈的梦想；我们的目光，被城市的高楼所遮挡，也无法将这个缤纷灿烂的世界全部地、一一地看过来。

其实，不用担心，也不必着急。

从前，关于苏州园林，有"不出城郭，可享山林之美"的说法，而今天，现在，我们眼前的这套《文蕴高新》丛书，几册在手，随意一翻，便可让我们历经高新区文化之精华，遍览高新区文脉之印迹，了解高新区文本之渊源。

这是站立在纸上的文化高新，它不是地图，却像是一幅地图，沿着它的指点，我们就行走在苏州高新区这片古老宁静又是阳光普照、欣欣向荣的土地上了；

这是流动在心头的鲜活高新，它不是乐器，却弹奏出延续了千百年而仍然生机勃勃的音乐之声；

这是厚重的源远流长的历史高新，它不是一座博物馆，却是行行玑珠，页页有宝。

我们在这里尽情地徜徉，在这里恣意地行走，说不定就遇上了夜宿寒山寺的张继，还能看到王鏊登阳山，沈周畅游白马涧；

我们细细地鉴赏那些精湛的民间工艺，从而体会到从古至今苏州以西这片土地上的人民是怎样将精雕细刻融入生命和灵魂之中的；

我们来走一走长达二十五公里的环太湖风光带，饱览着湖滨自然山水风光，再到沿岸看一看遍布着各具特色的生态村庄和传统人家，历史悠久的古街、古建、古迹；

我们再沿着大运河看一看，经过浒墅关，跨过枫江桥，穿过横塘路，运河文化的浓郁风情一路伴随着我们；

我们一路走来，满目青山绿水，处处名胜古迹，我们还听到了纯朴的《小姐嫁郎歌》，我们还品尝了著名的太湖三白，我们还看到了惊为天作的苏绣精品……

《文蕴高新》丛书犹如一根长链，将苏州高新区遍地的珍宝，串连起来了，集中起来了，手执一册丛书，高新区的古往今来，一下子尽收眼底，一下子看个够，了解个透。

这几乎就是一部关于苏州高新区文化传承的小百科全书了。

《文蕴高新》丛书无疑会将苏州高新区独树一帜的标识和印记牢牢地烙在每一个读者的心灵深处，她不仅是一本书，更是苏州高新区向世界传递出的一张精彩名片，一张带着体温和情感、带着浓郁乡情的名片。

目录

综　述

一

子曰："智者乐水，仁者乐山。"这是孔夫子的一句人们耳熟能详的名言，至今还常常出现在人们的耳畔和嘴边。

充满智慧的人都喜爱水。水是生命之源，树木花草的生命，飞鸟走兽的生命，当然还有人的生命，一律源水而生，源水而长。自古以来，人类都讲究逐水而迁、傍水而居、面水而思。有水才有绿洲，才有五谷，才有动物，才有人类。无水，再巍峨的宫殿，再稠密的人烟，都会坍塌和消亡，成为月球上的世界。所以，人们拍照，留影，都喜欢画面有水，一缕水影，就带来画面的生机和灵动，画面也因之而活。

小桥之媚

比孔子还年长的老子，曾吸引孔子前往问礼，并心悦诚服拜师。老子的思想精华，集中体现在他的《道德经》一书中。他对水的理解和描述，按理深刻应该在孔子之上。关于水，他这样说："上善若水。"又说："天下之至柔，驰骋天下之至坚。"还说："天下莫柔弱于水，而攻坚强者莫之能胜，以其无以易之。弱之胜强，柔之胜刚，天下莫不知，莫能行。"其思想之博大精深，让后世久久受益。有人说：老子的哲学就是水性哲学。光是"上善若水"四字，就够我们久久品味，频频颔首，并心有灵犀而会心微笑。他这四个字，原意是说人的品行修养的。老子认为人最高尚的品德就应该像水一样。这句话完整的表述是："上善若水，水善利万物而不争，处众人之所恶，故几于道。"这就把水完全人格化了，人水合一，并推崇到无以复加的高度。水是一面镜子，谁想聪明智慧，谁想人品完美，对着水悟道吧，一定能有结果。今人在运用这四个字时，往往都化开来了，运用到了做学问上，运用到人情世故上，运用到经商谋略上……都通。若老子有知，当撩长眉而含笑九泉。

那么，老子的老师是谁？老子的老师的老师是谁？老子的老师的老师的老师又是谁？

这样的问题肯定有人会问，如果有资料，也的确有一定的考证意义。但是，我们必须明白，终极的答案，一定是"青出于蓝而胜于蓝"。

这里，我特别崇尚孔子的后辈——"亚圣"孟轲，即孟子。孟子有言："孔子登东山而小鲁，登泰山而小天下。

故观于海者难为水，游于圣人之门者难为言。观水有术，必观其澜。日月有明，容光必照焉。流水之为物也，不盈科不行；君子之志于道也，不成章不达。"稍微用今天的语言复述一下吧。孟子说："孔子登上东山，就觉得鲁国变小了；登上泰山，就觉得整个天下都变小了。所以，观看过大海的人，便难以为其他的小河、小沟而津津乐道；在圣人门下学习过的人，便不容易为其他一些时兴言论而大惊小怪。观看水有一定的方法，那就是一定要观看它壮阔的波澜；太阳月亮有光辉，它从不拒绝每一条能容纳光的小缝隙。流水有规律，不把坑坑洼洼填满它无法前行；君子立志于道，不到一定的程度不轻易高谈阔论。"

关键词句出现了："观水有术，必观其澜。"

纵观太湖，当然一定要观赏湖中之波澜。

关于太湖的成因有多种说法。譬如"构造说""气象说""风暴流说""河流淤塞说""火山爆发说""陨击说"，等等。每一种说法都有自己言之凿凿的证据和逻辑。但据综合考证，最可信的太湖成因，是它为海迹湖，地理上称潟湖。原理是，这里在远古时代是一个大海湾，由于长江、钱塘江泥沙的冲积，长江三角洲不断向东延伸，海湾被泥沙淤积成的沙坝所封闭而形成了咸水湖，后来在河水和雨水的作用下，海水逐年淡化，于是慢慢变成了淡水湖。因此也有人说太湖是"海的儿子"。

"海的儿子"自然有着海的遗传因子，有着海的秉性，我们在观其澜时，可仿效中国历史上最有文才的皇帝——曹操的《观沧海》。诗云：

东临碣石，以观沧海。
水何澹澹，山岛竦峙。
树木丛生，百草丰茂。
秋风萧瑟，洪波涌起。
日月之行，若出其中。
星汉灿烂，若出其里。
幸甚至哉，歌以咏志。

二

太湖位于长江三角洲的南缘，古称震泽、具区，又名五湖、笠泽，是中国五大淡水湖之一，横跨江、浙两省，北临无锡，南濒湖州，西依宜兴，东拥苏州。太湖湖泊面积达2427.8平方公里，水域面积为2338.1平方公里，湖岸线全长393.2公里。其西和西南侧为丘陵山地，东侧以平原及水网为主。太湖河港纵横，河口众多，有主要进出河流50余条。太湖水系呈由西向东泄泻之势。太湖岛屿众多，现有50多个，其中18个有人居住，西洞庭山岛面积最大，为75平方公里，原名西山镇，今改名金庭镇。湖面形状有如坐西望东的一弯新月，西南部湖岸平滑呈圆弧形，东北部湖岸曲折多湖湾、岬角。湖泊东西最大长度68公里，南北最大宽度56公里。

太湖流域连通东西横贯的长江，又连通南北纵向的大运河，是我国著名的经济、文化发达地区。虽然开发较中原地区稍晚，但其得天独厚的地理优势，使这里也"青出于蓝而胜于蓝"。从唐宋以来，太湖流域不断追赶中原地区，至明清，已然实现远远超越。这里是古诗中所说的"江南"地区。唐代诗人白居易有《江南好》一词，词曰："江南好，风景旧曾谙。日出江花红胜火，春来江水绿如蓝。能不忆江南？"他吟诗的瞬间，脑海里出现的意象必定是一弯新月的太湖。

关于太湖周遭的江南文化，民间有说法："一部明清文化史，十之八九在江南。"

太湖这弯新月，弯得恰到好处，她仿佛知道天穹中"月朗星稀"的物理原理，她不愿意一月如镜耀天庭，造成"大树底下不长草"，她更愿意笑目弯弯，"巧笑倩兮，美目盼兮"，含情脉脉地注视着周遭一颗颗星星眨眼，一同辉映苍穹。这一颗颗星星，就是苏州、无锡、常州、湖州……由一衣带水，还可以扩大辐射区，直至镇江、南京、扬州、嘉兴、杭州、上海。众星拱月，一串卫星城，环绕在母亲湖——太湖襟前。

其中，江南文化之斑斓璀璨，又以苏州为最。民间的说法进一步聚焦，就是："一部江南文化史，十之八九在苏州。"

"上有天堂，下有苏杭"，苏州自古风物清嘉，人文荟萃。这里还是"吴门画派"的诞生地、昆曲和评弹的诞生地。享誉天下的古典私家园林早早就入选"世界非遗"。但也有不足之处，那就是相对杭州的真山真水，苏州园林被人们称为"假山假水"。

假山假水是否就比真山真水缺少宜居宜赏的魅力，尚可商榷，就好比"艺术源于生活又高于生活"一样，评赏者见仁见智，各取所需吧。但苏州其实也是有真山真水的，而且，其颜值、其内涵绝不在杭州西湖与周遭山水之下。苏州城在太湖之东，紧紧串联起太湖和苏州城的地带，就是这"真山真水苏高新"。

我是1989年到苏州落户的。一到苏州，就遇到当时苏州市民望着母亲湖太湖的方向，议论纷纷，眉飞色舞，说是往西跨过运河上的狮山大桥，将建立"河西新区"，"建一座新苏州""国家级开发区"。两年后的1991年，河西新区正式打桩兴建。"三十年河东三十年河西"，不等三十年，27年后的苏州高新区在运河之西傲然挺立，与后面兴建的苏州城东"工业园区"遥相呼应，一体两翼，带着古老的苏州城经济文化一同腾飞。中间是老苏州，西边和东边的两翼分别是"新苏州"和"洋苏州"。

要看苏州的真山真水，请到苏州高新区来。

苏州高新区是观赏太湖的绝佳之地。苏州高新区在沿湖的通安、东渚和镇湖三地，投资数十亿，打造出长达二十五公里的环太湖风光带。我是湖北人，在这条风光带上漫步，油然想起的是我的唐代老乡皮日休的五言诗《初入太湖》，他在开篇写道：

闻有太湖名，十年未曾识。
今朝得游泛，大笑称平昔。
一舍行胥塘，尽日到震泽。
三万六千顷，千顷颇黎色。

高新区北太湖夜色美

三

让我们再来俯瞰笑目弯弯的太湖。

的确像英文字母"C"吧？不过，得用中国的毛笔来写。更具体点，应由出生于唐代苏州的草圣——张旭橡笔饱蘸浓墨，带着盛唐风韵挥就。

再细看，C形开口的正中间，形状如兰花指，指向湖心的岸边，这就是镇湖的西京湾。其旁，依次有东渚和通安。想想看，站在这仿佛非洲好望角一般的湖边西京湾，观望太湖波澜，那简直就是在豪华歌剧院中最高档的包厢里观赏歌剧。可以说是太湖太过厚爱西京湾，用古人的诗句就是"三千宠爱在一身"。

人观湖，当然观湖人也会被湖所观，正所谓"天人合一"也。沿着湖边走，不但可以饱览湖滨自然山水风光，沿岸遍布的各具特色的生态村庄、传统人家，历史悠久的古街、古建、古迹，等等，也会接二连三地进入你的视野。同时，一方水土养一方人，这方水土孕育的人创造的丰富的物质遗产和非物质遗产，一样勾魂摄魄，让人惊叹不已。一滴水珠见太阳，湖边的人，一代代受太湖养育的人，才是太湖最为见性见情的波澜。我们不妨以时间为经，以人物为纬，请来历代大贤，让他们做导游，领看这受太湖风雨滋润的山山水水上生长不息的神奇，如同海滨拾贝。

不过也要友情提醒一下，担心读者或许会一不留神，将这C形太湖看成一面弓，而你正处在弯弓射箭的着力点，情不自禁，拈弓射出丘比特之箭，不料，靶心可能恰恰是你自己啊！

我就有幸被自己射中过。

走在湖边，举目湖中不远处的大小贡山，我想起与这湖有缘的诸多前贤，完全可以用一个词来形容，这个词叫"俊采星驰"。其中想得最多的，是本地出生的范仲淹，这位北宋名臣，思想家和文学家。同时想到他的散文名篇《岳阳楼记》，想到江南三大文化名楼。当然，这里的"江南"不再是古诗中的江南，而是宽泛的江南，是"长江以南"的江南。于是，情不能已，立马写了一篇题为《美文的文眼》的散文，发表在2018年1月22日《人民日报》的"大地"副刊上。而此时，我的书稿还在收集材料、酝酿结构之中。这当属于这本小书的一段花絮。

我是从江南三大文化名楼写起的。在中国文学史和建筑史上，江南的三大文化名楼是不可或缺的存在。这三座名楼分别是：滕王阁、黄鹤楼和岳阳楼。三座名楼都不约而同地因楼而衍文，又楼因文而名。没有楼就没有后面的诗文，但后面的诗文又光耀了门庭，大大提升了对自己有"养育之恩"的楼的知名度。三座名楼有如三足鼎立，彼此辉映，共同构成了物质与非物质的奇妙关系。细究下去，则各有其妙。

不妨先简约勾勒一下这"三兄弟"的粗略个性。根据诗文出现的早晚排序，王勃是"初唐四杰"之首，他写了《滕王阁序》，给滕王阁带来"大哥"的排位估计也不大会招致非议。《滕王阁序》诗文皆美，不在话下，但从俗里看，其实不过是一篇"童子何知，躬逢胜饯"的答谢文章。当然，不能简单理解为仅仅是吃香喝辣后一抹油嘴写了篇歌功颂德的文章。这里面主要是客人感恩主人不以貌取人，不以出身和辈分论英雄的反官僚胸怀。知道爱惜人才的人难道不也更是重要的人才吗？知遇之恩，铭心不忘，赠名阁一个"恩"字的标签基本契合。

关于黄鹤楼的名诗，自然要提及"崔颢题诗在上头"。崔颢、李白也是唐代诗人，但差不多接近中唐了，称黄鹤楼为"二哥"应该也说得通。崔颢的《黄鹤楼》的确好，其中的"日暮乡关何处是"今人仍在广为引用，确是好诗！更好的还有大诗人李白，他因为崔颢的诗好就感慨"眼前有景道不得"，干脆不写了。但不写本身也是一首无字的好诗啊。这哥们虚怀若谷，一反"文人相轻"的陋习，推举诗友，有意无意中感动了多少后辈？我就想在

夕阳下的杵山生态公园

自己的掌心上指书一个无形的"谦"字，带着自己满心的赞叹，轻轻拍印在黄鹤楼门旁。

剩下来只有"三弟"了，让岳阳楼当吧。写《岳阳楼记》的范仲淹是宋代人，晚生了一些时日。虽然"重修"的岳阳楼前身不一定真的比前面两位哥哥资格浅，但文在后，就委屈吃点亏吧，相信我们的范公也不会计较。问题是岳阳楼的标签要怎么题？

范仲淹是吴地大贤，对桑梓地后世的思想、学风、文风以及教化都有极大的影响。范文至今，已经过去千年，吴中的山川风物和湘鄂间的洞庭烟波也枯荣聚散千度，有些世情可以亘古不变，但另有些观念也应该赋予新解读，何况历史本身也是在不断发展发现之中。否则，非但不是对前贤的恭敬，反而是对前贤的大不敬。我想起范仲淹为官期间，一定无数次伫立湖边眺望浩渺太湖，太湖也在不知不觉间常常激荡在他的胸中，律动在他的脉搏里。后世考证出，范仲淹并没有到过岳阳楼，那又有什么关系呢？他写岳阳楼中观洞庭湖风景，观洞庭湖波澜，不是完全可以参照与长江一脉相承的太湖吗？

后世又有人考证出，文中开篇的"庆历四年春，滕子京谪守巴陵郡"中的滕子京，其实是个贪官，于是就有文章说，范仲淹无意中给贪官歌了功颂了德，而且一颂千年。我不知这文章的判断是从何而来，也无法断古人清白。我想，无论滕子京其人如何，《岳阳楼记》都未必就是为其个人歌功颂德吧？盛世续盛景，这本身没有错，只要为官者不从中渔利，就是为民谋福祉，歌颂的乃是这一举措本身，而不是作为个体的某官员。

细读文章，如果不是被名句耀眼过度，名句后还有"噫！微斯人，吾谁与归"的诘问。好话要说三遍，这个容易被人忽略的句子也值得连读三遍，读着读着，大约就听到大音若希的震撼了。唉，没有这样的人，我将与谁同站一道呢？莫非范公写此文时，对滕某之贪已有察觉，文章就是在善意提醒他？不是振聋发聩，不是咄咄逼人，而是用自省、自警、自重、自珍、自励的语气，轻轻拨动对方的心弦。

莫非，这才是此文的文眼？

一生清廉的范文正公，会在一篇写景的美文中，蕴含一个自悟清廉的主题？当然，能否读出、读懂，那是各人的感悟了。写什么，在于作者；读出什么，在于读者。

江南三大文化名楼，景好，同时配有美妙诗文，已等候你我千年，如果有机缘，不妨去赏楼品文。

看看，在西京湾的湖边，我射出的丘比特之箭，中的恰是自己的靶心吧？

以下分毓秀、鱼米、清嘉、兰馨四篇，形同四幕剧，中间有时互相穿插，让我们一起来领略温柔之乡的苏州别样风情——西部风情。

且让苏州前贤范仲淹的《苏州十咏其七·太湖》来做

引子吧。诗曰：

有浪即山高，无风还练静。
秋宵谁与期，月华三万顷。

毓秀　篇

一、一碧千山

钟灵毓秀，鸾翔凤集，非常大气慷慨的褒义词，彼此又是近义词，用于描述风水宝地、人才辈出的地方，极为恰切。钟灵毓秀的"钟"为凝聚、集中之意；"毓"为产生、孕育之意，二者串连起来，就是聚合天地之灵气，孕育出了秀美的山水和杰出的人才。鸾翔凤集更直观一些，鸾和凤在这里翱翔栖息，留恋这里的山水植被，自身也成了这里生态的一部分。将"毓秀"一词用在苏州之西、太湖之东的苏州高新区，尤其是沿湖的镇湖、东渚和通安三地，妥帖之至，似乎是没有更好的不二选择。

这里濒临太湖，仿佛"近朱者赤，近墨者黑"一样，近湖的陆地与远湖的陆地，大不相同。此处的陆地，花木格外葱茏，而且，平地涌起的山岚，姿容也格外水灵灵地出挑，加上湖水中秀峰点点，水陆之间的山们似乎在眉来眼去地交

流，煞是好看。眺望湖水中的山，脑海中常会跳出一个词来，"一碧千山"。通常写作"千山一碧"，意思是许多山峰皆为绿色，形容碧绿的规模大。词序颠倒，更有意味，这里的"一碧"当然是指碧波万顷的太湖了。

说"千山"当然有些夸张，不过是极言山之多。如大小贡山、金鸡山、小连山、乌龟山（五指山岛）、三洋半岛、马山、杵山、舟山、秀峰山、马肚山、米泗山、金鸡山、东蛇姆山、吴家山、小南山、东山、游城山、灶爷山、邢舍山、后北山、马舍山、虎谷山、西洋山、新盛山、朱家山等等。

请欣赏一下王鏊笔下的太湖诸山。王鏊是苏州东山人，明代正德年间宰相，学者称其为震泽先生，明代名臣、文学家。唐寅赠联称其为"海内文章第一，山中宰相无双"。王鏊的《七十二峰记》云："太湖之山，发自天

西京湾湿地

目，迤逦至宜兴入太湖，融为诸山。湖之西北为山十有四，马迹最大；又东为山四十有一，西洞庭最大；又东为山十有七，东洞庭最大。马迹、两洞庭，观之渺然如世外，即之茂林平野，闾巷井舍，仙宫梵宇，星布棋列。"

这个"星布棋列"，准确传神。

再看下面具体所记："西洞庭之北，贡湖中有两山相近，曰大贡、小贡。有若五星聚，曰五石浮，曰茆浮，曰思夫山。有若两鸟飞且止者，曰南鸟、北鸟。其西，两山相对而不相见，见即有风雷之异，曰大雷、小雷。横山之东，白干山、绍山，曰瞳浮，曰东狱、西狱，世传吴王于此置男、女二狱。前为粥山，云为吴王饲囚者也。其若琴者，曰琴山。若杵者，曰杵山，曰大竹、小竹。与冲山近若物浮水面可见者，曰长浮、曰癞头浮、殿前浮……"

一比较，我们发现，一些小山明代时还在湖水中，但今天大都"洗脚上岸"了，成了陆上的山。所谓"沧海桑田"，从这太湖边也是能清晰感受到的。

如今最有名者，当属隔水相向的大小贡山岛，姗姗不肯上岸，宛如亭亭玉立于碧波中的姐妹俩。

大贡山海拔68.8米，面积0.66平方公里，与陆地距离为2.5公里，东西偏长，中峰最高处称"大抛头顶"，东湾嘴称"黄狗头"，西湾嘴称"西吊嘴"，东北隅一嘴称"金湖嘴"，金湖嘴南一嘴称"石铁猫"，北部一湾称"大腰湾"，与小贡山之间的湖面称"金湖门"。贡山东西两湾有二白莲寺遗址，相传皆为西华十八景之一。

小贡山在大贡山的东偏北，较大贡山小，故称"小贡山岛"，与大贡山相隔水面0.5公里。小贡山岛由四座山峰组成，东南主峰称"枇杷山"，北部山峰称"猫捕山"，西部山峰称"鱼场山"，南部山峰称"捏帽山"，岛内东南内陆有80亩水域，进行水产养殖。

近年投资方在两山之间建了非常美丽的拱桥，将两山于碧波中牵连起来，人可以从桥上步行往来。但从陆地登此二山，必须乘船摆渡，客观上也成全了两山的清静。人立贡山岛，远眺太湖诸峰，或回首面东反观陆地，又是一重境界。在这里能看得到万佛石塔，你望着石塔，似乎石塔也在默默望来，彼此相看两不厌，恍若领悟一层佛境。

关于这大小贡山，系乌龟与小龙演变而成的民间传说，就不复述了，无非是山的形状加上千篇一律的童话想象。这贡山的名头来历，与山上产好茶有直接关系。说是此山上的茶要进贡皇宫，飘香在金銮殿里的髤金雕龙木椅畔，倒是真有其可能性。相传，贡山岛上所产的碧螺春茶因沐浴着太湖氤氲的水汽而生，品质上佳，古时一直进贡朝廷，做御用茶叶，"贡茶"的美名也就这样流传了下来。名茶带来了山名。我在丁酉之夏，因为要写此书，登上了此山，在山上的确也喝到了好茶，尽管疑心杯中物不一定产于此山，但驻足山上，凭窗西观湖水，东望陆地，<u>丝丝</u>有声地啜吸着杯中的清香苦涩，咂咂嘴唇，似乎自己就是太湖上凌空御风之一仙。

贡山码头很小，用手机上的微信定位导航，还是很容易找到的。从码头坐船，陆与岛的距离，乘快艇不过几分钟的路程。来西京湾观赏湖景，登贡山岛是绝佳看点，估计以后会逐渐热起来。此岛是住人的，但建筑极少，没有原住民，小贡山岛上有两幢房子，一幢是游客中心，一幢是岛上餐厅；大贡山岛上也有两幢房子，一幢是炒茶场，一幢是岛上酒店。两座小岛的生态保护，暂时看来非常理想。小贡山岛以茶园为主，还有竹林和黑松林，徜徉于此岛可以听风吹奏松竹的天籁。

大贡山岛格局相对大一些，人气也旺盛一些。从小贡山岛过桥进入大贡山岛，迎面沿湖是一片碧绿的稻田，白鹭们在田间旁若无人地踱步，仿佛到了唐人孟浩然《过故人庄》的意境：绿树村边合，青山郭外斜，开轩面场圃，把酒话桑麻。

但旧时最有名者，还属陆上的秀峰山。

秀峰山有名，又主要因为山上有秀峰寺。

镇湖昔日寺庙甚多，有"吴中普陀"之誉。何以见得？查方志典籍，可知镇湖历史上曾有：秀峰寺、长山寺、福林寺、中和禅院、母氏大王庙、游城大王庙、观音殿、圆通庵、东和禅院、祖师殿、观音堂、东山庙、隆福庵、节福庵、宝端庵、东白莲寺、西白莲寺、上山大王庙，等等。在二十来平方公里的一个小半岛上，有如此多的名寺古刹，岂能不让人联想到佛国普陀？

秀峰寺是这许多庙宇中最著名的一座。

清代徐崧、张大纯《百城烟水》载："西华吾家山，去光福西南二十里，寺在山之右，有峰郁然曰'聚秀'，因为名寺为'秀峰'，创于宋绍兴间。"

民国《吴县志》关于秀峰寺的条目称："秀峰寺在县西南三十里西华乡。宋绍兴间建，元至顺二年玉泉禅师重修。明洪武初归并寒山寺。天顺元年重修，其后废为马氏坟墓。清顺治十年，郡绅李模重建。康熙十年建杜鹃楼，置田百余亩。"另有史料称，秀峰寺鼎盛时共有寺屋5048间，规模惊人。但秀峰寺于1958年被拆，建成中学校舍，完全被废。山也不存在了，全部建成了房屋。

说到秀峰寺，不得不提一个名为彭际清的高僧。彭际清（1740—1796），名绍升，号知归子，又号二林居士，生于苏州一个典型的士族家庭，际清是他受菩萨戒的法名。他被称为清代这一方最著名的菩萨居士。彭际清天资聪颖，智慧过人，十六岁便考上秀才，第二年乡试考上举人，十八岁参加会试及格，二十二岁殿试位列二甲第十八名，赐进士出身，应该说是仕途不可限量。但他向往佛事，干脆辞官遁入空门，研究佛理，因为喜欢太湖秀峰寺的风景秀美，于此掩关僧舍，潜心著述，成果颇丰。

山水不说话，但心有灵犀的游客，一定能在这山水之间与之对话，并领悟很多。

夏朝的第一位天子 禹

二、大禹降龙

那么，首请哪位前贤出场做现场导游呢？这是个问题。

按理，第一个请治水的禹出场比较合适。

禹，大家都不陌生，后世尊称其为大禹，是黄帝的第六代玄孙。相传禹治黄河水患有功，受舜禅让继帝位。那么，禹就是夏朝的第一位天子，因此后人也称他为夏禹，是与尧、舜齐名的贤圣帝王。他最卓著的功绩，就是被历代传颂的治理滔天洪水，又划定了中国国土为九州。他的故居在四川北川羌族自治县禹里乡境内，距绵阳市100公里，这里自古被称为"神禹故里"。禹死后被安葬在浙江绍兴市南边的会稽山上，现存禹庙、禹陵、禹祠。

从秦始皇开始，历代帝王大都会到禹陵祭祀他。民间各种祭祀活动更多，和他有关的庙祠遍天下。关于他对待洪水的"堵不及疏"，还有他"三过家门而不入"的故事，等等，大可以用一个"耳熟能详"的词，不说也罢。概括而言，禹其实是洪荒时代治理洪水的最高领导人，懂水性，能吃苦耐劳，亲民爱民，手执工具与民工一起栉风沐雨，同洪水搏斗，为天下兴利除害，后世的官民当然打心眼里感激和敬重他。大禹治水在中华文明发展史上起到了重要作用，可谓是正能量十足。

禹有没有到过太湖？答案也是肯定的，典籍多有记载。

在太湖流域至今还流传着大同小异的各种关于禹治理太湖的传说，说是远在四千多年前，禹在太湖之滨开凿了三条主要水道，分别是东江、娄江、吴淞江，打通了太湖与大海之间的渠道，将洪水疏导入海。这在司马迁的《史记》中也有记载："禹治水于吴，通渠三江五湖。"至今太湖流域不少地方还有香火旺盛的大禹庙。

镇湖原名西华镇，在这里流传着一个关于大禹镇蛟的传说。

话说西华镇（镇湖）东南有个游湖，湖周长五六十里，面积不算大，但起风浪的次数比外湖的太湖还多，浪头比太湖的还高，当地村民、渔民深受其害，大家都说湖中有妖怪，祈盼大禹王来降妖捉怪，加以镇治。

天遂人意，一天，大禹王真的来了。他听了村民的描述后，决定亲自下湖探个究竟。禹带了随从，乘一艘大船下游湖观察，船到湖心，忽见从湖底蹿出一条蛟龙，绕着大船在湖面上钻进浮出，摇头摆尾，拍打水面，把湖面搅得阴云密闭、水柱冲天，船儿仿佛是激流中的一片树叶，起伏跌宕，随时都有倾覆之虞。随从们个个胆战心惊，面如土色。唯有大禹王安之若素，胜似闲庭信步。大船尽管颠簸它的，大禹端坐不动，目光如炬，细细观察着湖中情形。这大禹王毕竟不是等闲之辈，他的定力不同凡响，使得蛟龙使尽浑身解数也无奈何，吓不退大禹王。蛟龙只好作罢，潜入湖底，一眨眼工夫便无影无踪，游湖顿时又恢复了平静。

这条蛟龙以为潜入湖底后就与大禹王相安无事了，哪知道大禹王已看得一清二楚，湖底有个深潭，正是蛟龙藏身之处。若想要消除游湖水患，必须得制服这条蛟龙，不让它喝一壶它还不知道大禹王的厉害！

上岸后，大禹王差遣一名随从，星夜赶往东海龙宫。干吗？查龙谱。随从速去速回，禀报大禹王，说是已经查清，游湖中的蛟龙乃是东海龙王众多龙孙中的一个，生性顽劣，老龙王提到这个不只"坑爹"还"坑爷"的小畜生只能摇头叹气。老龙王捎来口信，希望大禹王看在其东海龙王的面子上，可以治它一治，但希望能留其一条小命。

但大禹王了解到，这条蛟龙喜欢胡闹，常常兴风作浪，游湖周边田地因其遭淹歉收，船只被它掀翻沉没，不加以惩罚是难以平民愤的。但也考虑到蛟龙虽然闯了不少的祸，幸好尚未伤及人命，罪不至死。于是，大禹王乐得做个顺水人情，不处死小蛟龙，只打算关它禁闭，让它好

好反省，灭灭它的威风。

大禹王治太湖，太湖七十二峰的山神都看在眼里，一起配合行动，用铁砂铸了一口大锅送给大禹王，大禹王半夜时分趁蛟龙熟睡时，把铁锅沉入湖底，将那深潭罩住，且覆盖得严实密封，蛟龙再也无法蹿出闯祸。果然，游湖水患从此消失。

大禹王关小蛟龙禁闭，一关就关了几千年，一直到了明代。某日，西华人看到外湖太湖的上空忽然有一尊风筝样的禹王像随风飘荡，一直飘到游湖附近的三洋峡嘴才降落下来。原来，这是大禹王显灵，前来释放游湖中被关禁闭的蛟龙。据说那蛟龙在深潭里反省了几千年，不再如当初那样顽劣不懂事。浪子回头金不换，大禹王觉得可以让其自由了，恢复自由的蛟龙不再是不懂事的"熊孩子"，与湖，与船，与船上人，与湖边土地，都相安无事，和谐共处。

西华镇人感恩大禹王，就在离游湖不远的三洋峡嘴造了一座庙，供着自天而降的禹王像，大家称此庙为"禹王庙"，让禹王永世保这一方土地风平浪静，不生水患。

这个民间传说是我听来的，好歹我不作评判，只用自己的语言复述。我在镇湖采访时，到过游湖。游湖如今成了太湖湿地公园，要买门票方可入内。我那天的安排比较多，来不及购票进公园游览，只对着大门拍了几张照片。心里想，这个故事似乎与那个"喀纳斯湖水怪"有几分相像，只是这里民风淳朴，没有大肆炒作，如果炒一炒，估计对门票销售大有益。

但这个禹近乎半人半神，甚至是小半人大半神，全国各地到处都有他，即便请来现身说法，也没有多少干货新货，说不定都是录好音的"假唱"，不如拱手拜拜，走你吧！

三、群贤毕至

接下来，可以一请的，是泰伯。

泰伯又称"太伯"，比禹晚很多，商代末人，"泰伯奔吴"也是苏州人家喻户晓、津津乐道的故事。

《史记·吴太伯世家》记载："吴太伯，太伯弟仲雍，皆周太王之子，而王季历之兄出。季历贤，而有圣子昌，太王欲立季历以及昌，于是太伯、仲雍二人乃奔荆蛮，文身断发，示不同用，以避季历。季历果立，是为王季，而昌为文王。太伯奔荆蛮，自号勾吴。荆蛮义之，从而归之者千余家，立为吴太伯。"

话说商代后期，周开始强大的时候，泰伯和他的弟弟仲雍都是周太王古公亶父的儿子，季历的兄长。他哥俩为了成全父亲"欲立季历以及昌"的意愿，就离开陕西岐山下的周原，经过千山万水来到被称为荆蛮之地的江南。这就是著名的"泰伯奔吴"的故事。季历后来被立为继承人。他的儿子昌就是有名的周文王。正是在文王时期，奠定了灭商兴周的伟业。孔子曾说："泰伯，其可谓至德也已矣。"对历史进行评判，是历史学家的事儿，我们普通人资料少，参照少，看不宽也看不远，只能觉得泰伯兄弟俩奔吴至少也是让贤，也是不让老爹为难。还有，就是不愿家族因为权力之争而同室操戈，走为上计，一走满天乌云散，血光之灾也就此而散。这恐怕不只是孔夫子说的"德"，还有一个"智"，让一步大路宽广，退一步海阔天空，与人方便自己也方便。

后世，有很多皇室为了权力，同胞手足自相残杀的事件，比照泰伯，那只能算是反面教材。

请泰伯说事的确比较好。

当时的江南，举目所见，森林覆盖，河网密布，一派原始荒古的景象。泰伯和仲雍哥俩自号"勾吴"，不再留恋过去，得到了当地土著人的拥护。史书所载和江南出土的青铜器上的铭文都告诉我们，吴国从建立起就是周人和当地非华夏族的土著相结合的。当地文化落后，土著人都"断发文身"，被中原贬称为"蛮夷"。泰伯以其带来的先进文化，结合江南水乡的特点，治理河网，利用铁器，灌溉农田，便利舟楫，对吴国的经济发展起了重要作用。据吴国早期青铜器铭文所载，在公元前十一世纪末，"厥川三百"的太湖地区的吴国规模已相当可观。

　　苏州有泰伯庙，还有泰让桥，前者香火旺盛，后者是重要交通大桥，横跨在胥江河上。只是苏州人的口音原因，叫"泰让"总让人听成是"太阳"，所以，年轻的苏州人称这座有着厚实历史渊源的大桥，总是叫成"太阳桥"。听上去也不错，甚至是有明显的拔高。太阳有光明、有温暖，这不正是对泰伯兄弟俩的称颂吗？

　　其实，泰伯兄弟俩也够格，值得人们称道，只是他们在这个C字母湖的射箭关键部位留下的痕迹不多。而且，他们哥俩说的还是陕西一带的方言，难懂，弄不好急了就蹦出来一句"你娃甭牛"的土语，想想还是不惊动得好。

　　再往下推，就到吴越春秋时代的伍子胥了。

　　伍子胥是楚国人，也说不来吴语，但相对陕西，空间距离小些，语言的隔阂相对应该也小点。同样，伍子胥是

　　为躲避杀身之祸而"奔吴"，并且一夜之间愁白了头。他对吴地贡献也极大，"象天法地""相土尝水"，规划兴建了阖闾大城，至今惠泽吴人，并将长久地流芳下去。

　　伍子胥的故事很多。他忠心耿耿，踏踏实实，目光远大，舍身成仁，最后惨烈收场。他举贤兵圣孙武，二人一同在太湖操练水军，共同辅助吴王建立霸业。尤其是这个"相土尝水"的"尝"字，一个小小的动作，双手捧一口野外河浜里的水，在嘴里尝尝酸碱度、软硬度，来辨识河水对建城的利弊，这也形同亲吻太湖。多么扎实细致的工作态度，多么打动人心，怪不得苏州人世世代代崇敬他。

　　但是，他的故事也太多了，他的苍苍白发让人容易游离太湖观澜的主题，还是让老爷子歇着吧。让一个比他晚生两百来年的楚国同乡做导游，应该比他更合适。

　　这个人叫黄歇，即著名的战国"四君子"中最有建树的春申君。

四、西华盛景

在说春申君之前，我们还是先到古镇去溜达一圈吧。

镇湖古名西华，为何有此名？当然是立意为吴地西部繁华之境。这里距苏州市中心约26公里，东与东渚、光福两地接壤，南、北、西三面环水，地形狭长，东西全长9.3公里，南北最宽处5.9公里，环太湖沿线周长20.86公里，伸入太湖，成为太湖中的一个半岛。此半岛海拔只有5米左右，长期受太湖调理滋养，气候湿润温和，雨水充沛。镇湖境内河道纵横，共有大小河道104条，山青水碧，风光旖旎。

镇湖历史悠久，为古渡通衢，相传春秋时期，即为吴越争霸的重要物质集散地之一。秦国建置吴县后，西华之名更是日见显赫。北宋元丰年间，即设乡建制。民国二十

年（1931），设置西华镇，属吴县管辖。民国二十三年
（1934），西华镇辖市岸、石帆、东马、三洋、长巷等5个
乡。1949年4月27日苏州解放后，仍建置西华镇，属吴县木
渎区辖。1949年10月撤销西华镇，分别成立青龙乡、镇湖
乡、山湖乡。1956年4月西华三个乡（青龙、镇湖、山湖）
合并，成立镇湖乡。后来又成立镇湖人民公社。1983年7月
恢复镇湖乡。1995年11月27日撤乡建镇，成为镇管村的建
制镇。现在改名为镇湖街道。

　　镇湖的地名，当然如同镇江、镇海的地名一样，带有
动作感，大气，但主要还是祈求平安吉祥意。镇湖传统的
种植也以水稻、三麦、油菜为主。早在唐代，镇湖就是苏
州水稻高产地区之一。农闲期间，男的以水产捕捞为业，
女的以刺绣为业。刺绣是镇湖农家主要的传统副业，已有
一千多年的历史，镇湖是我国著名的刺绣之乡。中华人民
共和国成立后，特别是改革开放以来，刺绣这一传统工艺

不断推陈出新，刺绣艺术得到了进一步发扬光大。镇湖新建的长达1700米的绣品街已开设了520多家绣品店坊，镇湖在全国各地开店设摊经营刺绣产品的人数达500多人。1998年10月，镇湖被江苏省文化厅授予"民间艺术之乡"的称号。2000年5月，镇湖又被文化部授予"中国民间刺绣艺术之乡"称号。镇湖的刺绣带动了红木雕刻、纸箱包装、绸布、电脑印刷、丝线等行业的蓬勃发展。镇湖有八千绣娘，刺绣已成为镇湖人民经济收入的主要来源。除刺绣外，镇湖的传统副业还有织席、芦苇编织、种桑养蚕、饲养业等，新兴副业则有横机编织、水产养殖、苗木栽培、红木雕刻、绣品镜框制作等。

到镇湖访古探幽的最佳去处之一，就是漫步西华古街。

西华古街位于镇湖街道市桥村，东西走向，东起东城路，西至繁荣路。在梁大同年间（535—545），这里兴建有长山教寺（寺桥东侧），教寺西侧河道建造石板桥，桥名为"寺桥"，是一处地标性建筑。桥堍西逐渐形成商贸集市，俗称"寺桥头"，也就是今天的西华街。旧时，街道路面一般用石板或青砖铺砌，路宽只有两米不到，人称"晴天人碰人，雨天伞让人"，故称"一步街"，比较拥挤。想想看，不用雨伞的晴天走路尚且要人碰人，一到要用雨伞的下雨天，那还不伞碰着人？伞碰着人会是什么结果呢？当然是会将伞上的雨水弄到人家的身上，让人不开心啦。这还只是其一。其二呢，当时人用的雨伞，竹骨和伞面红彤彤的，是一种棉纸上涂刷桐油而成的油纸伞，倒是可以挡雨，但碰着人，雨伞容易有声有色地"嘶啦"——破了，所以，伞一定得让着人。

可以想象的是，这撑着红油纸伞的人，大多是着旗袍的女性。如果一个男人撑着这样的大红油纸伞，肯定满面羞赧，不大好看。

1958年街道改造，填塞了东西向的100多米长的镇中河道，路面拓展到6米，街道两侧改建门面房，成为集居住、行政、商业、服务业等为一体的市镇主要街道，人气极旺。这条西华街自建立，一直都是商店林立，经济繁荣。旧时曾有南北杂货店、布匹店、药店、席行、渔行、苗猪行、猪肉铺、铁匠店、饭店、馄饨店、大饼店、银匠铺、棺材行、刺绣发放站、茶馆店、豆腐店、竹行、理发店等50多个各种店铺。清末民初，镇湖有针灸名医九皞民、中医费恂如等，在城乡享有盛名，并在寺桥头开办诊所行医。

民国时期，寺桥头为商贸集市，每月逢三，即农历的初三、十三、廿三为赶集日，邻近商贩、店铺均至集市设摊售货，物资丰沛，并有专门的猪、羊交易场所，亦称"猪陆"。那时，农民将自家生产的蔬菜、瓜果、禽蛋用担或篮挑提入镇，走街串巷或在饭店、酒馆门口临时设摊出售，无固定场所，价格随行就市。另有渔民和外地商贩摇船叫卖，方便群众购买，非常接地气。人从这里经过，耳际缭绕着活鸡活鹅此起彼伏的中低音招呼声，还有苗猪惊恐夸张的高音尖叫，鼻中闻着鲜鱼的腥味和从坛子里刚刚掏出的雪里蕻咸菜异香，不能不感念这里生活气息的浓郁。

自从二十世纪九十年代，集贸市场迁建别处，买的人和卖的人都不来了，寺桥头渐趋冷落。

如今，西华街紧邻绣品街，街道两旁也有许多经营刺绣艺术的店铺，其中不乏卢福英、濮凤娟、尤小英等大师经营的绣馆。

刺绣是镇湖农家的"掌上明珠"，连棚凳、棚架也是嫁妆必备之物。2005年，镇湖苏绣被列入《第一批国家非物质文化遗产保护名录》。2014年，苏州镇湖刺绣艺术馆有限公司被文化部批准为"国家级非物质文化遗产生产性保护示范基地"。

如今，镇湖刺绣产业的杰出代表人物有卢福英、姚建萍、姚惠芬、姚惠琴、朱寿珍、梁雪芳、王丽华、邹英姿、薛金娣等20多位艺术家。八千绣娘，巧手绣出今天的西部繁华。

五、黄歇悲歌

现在该说说春申君的故事了。他是个有故事的人。

这春申君可不仅是在楚地溅起波澜，他甚至可以说是在九州大地上溅起了让人炫目的波澜。

春申君本名黄歇，在楚考烈王时期，位至楚国令尹，即相国，可谓一人之下万人之上，且还掌管军权。令尹是楚国在春秋战国时代除了国王外的最高官衔，执掌一国之权柄，对内主持国事，对外主持战争，也就是总揽军政大权于一身。他被赐地淮北十二县，后改赐江东，就是现在的太湖流域，包括江浙和上海一带的长三角地区，在此多有建树，让后人缅怀了两千多年。

黄歇绝对是大才，他博学广闻，尤其能言善辩。我总觉得后人罗贯中笔下塑造的诸葛亮在"隆中对"和"舌战群儒"等场合，都有黄歇才情勃发、巧舌如簧的影子。或者说是诸葛亮本人在青年时代求学中，就曾以黄为楷模，学他的眼观八方、胸装天下、临危不乱、所向披靡。黄为楚相期间施仁政、重农商、强兵革，功绩卓著，与齐孟尝君、赵平原君、魏信陵君并称战国"四君子"。这"四君子"中建树最大的，就是黄歇。可惜的是，公元前238年，楚考烈王去世后，黄歇过于仁厚，不防门客，被自己曾经豢养的门客李园所谋害。一同被杀的还有他庞大的家族。据说，黄死后葬于安徽淮南市谢家集区李郢孜镇境内。

太史公司马迁在《史记》中专为黄歇写有列传，给予的地位规格不可谓不高。而且，在写了他辉煌的纵横天下传奇和令人叹息的屈辱惨死后，司马迁还忍不住自己站出来大发感慨。太史公曰："吾适楚，观春申君故城，宫室盛矣哉！初，春申君之说秦昭王，及出身遣楚太子归，何其智之明也！后制于李园，旄矣。语曰：'当断不断，反受其乱。'春申君失朱英之谓邪？"

近年来，黄歇似乎大走其运，一不留神成了影视剧的新宠，尤其是说他与秦国宣太后芈月有一段情，且缠绵悱恻，造成观者潮涌的轰动效应。这一定是乱点鸳鸯谱，戏说出来的，满嘴跑火车，节外生枝，当不得真的。

其实他在秦国这段时间，是他人生最艰难屈辱、最危机四伏的时期，哪有心思整这类狗血剧情。想想看，当时秦国的人将白起打得楚国是望风而逃，王家世代祖陵都被焚烧一光，都城匆忙间迁往陈，但还是朝不保夕，整个楚国自上至下都是惶惶不可终日。在这危机时刻，黄歇出山了。他受楚顷襄王委派到秦国去做说客，企图让秦国停止攻击，让楚国喘喘气儿。那秦昭王是这么好蒙骗的？他会听黄歇的？这得看黄歇的本事。

《战国策》和《史记》都记载了其中经过。黄歇当面陈述，秦攻楚，未加深思熟虑。为什么？这是两虎相争啊，一旁的小国如赵、魏、韩等正坐山观虎斗呢，他们鹬狗一样正等着两败俱伤了好从中渔利呢，秦国即便打赢了，自身也是疲惫不堪，弄不好会被鹬狗一样的小国所灭也未可知，难道秦国忘了曾经欠下人家的血海深仇吗？可见，劳师远征追穷寇，绝非上策。随后，黄歇列举实例，其中就有吴国最强大之时夫差不听忠臣伍子胥劝阻，执意要攻打齐国，结果被卧薪尝胆的勾践趁机给灭了的前车之鉴，等等。黄歇说得有鼻子有眼，秦昭王听了一愣一愣的，最后真的信了——的确是这么个理儿啊，快快让白起别攻了，收兵回秦，秦楚结盟，并送去绸缎布匹，化干戈为玉帛。

至此，黄歇凭借一条三寸不烂之舌，挡住了秦国百万虎狼之师。楚国长长地松了一口气。

但秦国也是狡猾狡猾的。不攻楚可以，结盟也行，你得拿出诚意来，将你的太子羁押在我秦国，才显得出你楚国的诚意。那楚国已是别无选择，忙表态，成成成，于是送了太子。太子当时还是个孩子，叫熊完，有点对应眼下人称孩子为"熊孩子"。陪同太子的人，也是黄歇。他们一共被扣在秦国9年，百分之百的丧家之犬，当然得处处谨慎，时时低眉顺眼。所以说黄歇与秦国宣太后芈月有一腿子情，纯属瞎编。

漫漫9年熬过去了，接下来，在黄歇的口舌壮举几乎被人们淡忘的时候，风云再起，时势再造了一个有谋有勇的大英雄。当然，主角还是黄歇。

"熊孩子"的爹楚顷襄王病重，是那种很重的病。楚顷襄王想与为国寄人篱下已达9年的太子见一面，这种见面，也许就是这辈子的最后一面，等不起的。不料，当楚国的马车来了，秦国却不放人。秦王说，要回楚国让黄歇回去好了，太子放回去那不是放虎归山？我还怎么"挟太子以令楚侯"？想都不要想。这下黄歇急了，太子不回去，楚王一翘辫子，王座岂不旁落了？这种时候王室生变的可能性太大，他在各种方法都想尽后，果断铤而走险，让太子与楚国来接人的马车夫互换衣服，假冒马车夫从"虎狼窝"走人，一刻不停留。自己呢，留下来打马虎眼，说自己病了，在屋里养病，任何人不见。掐指算算太子已经走远，差不多进了楚国境内，秦国无论如何也追不上了，他才大摇大摆地去见秦王，说太子走了，已经到了楚国，这事是我黄某人干的，要杀要剐随你便。

秦王大怒，在他的眼皮底下煮熟的鸭子插翅飞了，这还了得！当然要立即干掉黄歇。但秦相等一干人马劝阻，说杀一个黄歇自然如同捏死一只蚂蚁般容易，但楚太子已经跑了，捏死蚂蚁也是白捏死，不如也放他走人拉倒，太子要接他老爹的权杖，必定重用此人，我们不如做个顺水人情，日后他也会报答不杀之恩。于是，黄歇毫发未损地回到了楚国。

接着是顺着剧情发展，黄歇做了25年的楚国令尹，使得楚国一度中兴，继吴兵败楚，越又灭吴，楚再灭越，楚国成为南面的最大诸侯国。黄歇这个时期养了不少的门客。门客是干什么的？说穿了，就是一帮自称有才的吃闲饭者，黄歇的门客多时达3000人，近乎一个没什么产出的大型企业。而且，这些人还要互相比富。那时没有手机微信可以晒名包、现金，财富往往都在自身的行头上。当时的"四君子"，在各诸侯国中竞相礼贤下士，招徕宾客，互相争夺人才资源，以图发现贤良组成智囊团，辅助君王争霸天下。春申君黄歇是这"四公子"中实力最强大的一位。一次，赵国的平原君派门客拜访春申君。平原君的门客想向楚国夸耀他们赵国的富有，特意在头上插上玳瑁簪子，亮出装饰着珍珠宝玉的剑鞘，却发现春申君的上等门客连鞋子上都装饰着珠宝，让平原君的门客立刻"out"了。

楚王先封地12县给黄歇，后来又应黄歇要求换地太湖流域，可见彼此的关系何等铁。至今江东还留有黄歇诸多痕迹。苏州城里也有供奉他的城隍庙，而且香火很盛。

那么，司马迁为何感叹黄歇"旄矣"呢？那是因为这位仁兄老糊涂了，老了结局非常悲惨。从秦国归来的"熊孩子"做了楚国国君，即楚考烈王，在他的眼里，黄歇对他是恩重如山，不但是他的"帝师"，更是他9年质押的难友，他一上位就立马拜黄为相。当时黄的地位显赫得让人头晕。据一些历史学家研究，这25年间，楚国的许多事情都是黄决定的，考烈王对黄完全是言听计从。但有个难以启齿的问题是，考烈王真的是够"熊"，一把岁数了，嫔妃一大群，偏偏个个肚皮毫无动静。黄也急啊，外选土地，内补种子，就是不见苗儿出土。在黄歇的故事趋向尾声的时候，一个来自赵国名叫李园的，领着自己的妹妹李嫣做了黄府的门客，并将妹妹李嫣献给了黄。黄也是宝刀未老，很快让其有了身孕。李园向妹妹授计，让妹妹拉着黄歇的手摸着她的肚皮劝他说，贱妾若能神不知鬼不觉地走进考烈王的嫔妃群，那他黄歇的种可是能登上未来王座的主噢。黄糊里糊涂地就答应了，一番动作，这女子真的做了王后，肚皮中的孩子后来也真的成了楚王，就是楚幽王。

但这与黄歇已经毫无关系。因为他早已歇菜了。

李嫣怀了国王的胎，始作俑者以为神不知鬼不觉，大家大可相安无事。其实，世上哪有不透风的墙？至少，李园清楚吧？尤其是他做了国舅后，考烈王将许多重要的事儿都交给他，权力在向着他转移，他能不防着黄歇？梦中都惊醒了好几回啊。最好的办法是灭口，做掉老黄，可别让日后外甥做了国王再去认亲爹，那就麻烦大了。但是，李园没法硬来，就处心积虑地豢养了杀手，瞅准机会做掉了老黄。这老儿一死，一天云就散了，那才是真的天知地知，再加上他兄妹俩知，连"熊孩子"国王都不知。日后的外甥国王当然也不知，不知他血管中流的是"黄血"，还以为是"熊血"。

但是，门客中有"雪亮的眼睛"，这个人叫朱英。朱英旁观者清，又受恩于黄门，想拼死一报。他告诉黄歇，李园在磨刀霍霍呢。怎么办？唯一有效的办法是，他找机会接近李园，先下手为强，做掉李园，那么，胜利的天平还会倒向黄门一边。

偏偏年过古稀的黄歇真老糊涂了，在他的眼里李园只是一个文弱书生，是他黄门的门客。他阻止了朱英的拼死报效，表示不急不急，再看看，再观望一番。朱英仰天长叹一声，离开了黄门。

不久，考烈王驾崩，黄歇去吊丧，刚进棘门就被李园埋伏下的杀手砍下头来。接着，庞大的黄氏家族被满门抄斩。

所以，司马迁感慨"当断不断，反受其乱"。如果壮年有勇有谋的黄歇，到暮年能听进门客朱英的话，当机立断，就不会反受其乱了。

杜牧曾写有《春申君》一诗，诗云："烈士思酬国士恩，春申谁与快冤魂。三千宾客总珠履，欲使何人杀李园。"黄歇为我们留下了传奇，也留下了惋惜！

另外，据《越绝书》记载，黄歇其实是在楚幽王之时为幽王所杀，那就是儿子杀了亲爹，这个太残忍了，难以让人接受。信与不信，只能是读者各自选择了。

春申君在苏州的遗迹非常多，最集中和有名的，当属黄埭镇。黄歇动员民众于此兴修水利，筑成堰埭，初名春申埭，后根据他的姓氏而改名黄埭，沿袭至今。

黄埭镇还有一口湖，叫春申湖。该湖原名裴家圩，是春申君当年筑堤围堰众多湖塘中的一个。2002年，苏州西塘河引水工程实施，2003年黄埭镇对裴家圩围堰抽水取土，在湖北岸的大片滩涂荒地上建湿地水景，并改名为春申湖，利用湖而修建起的公园，叫春申湖公园，园内有灵石镶湖、飞泉接云、荷风回廊、泉花争艳、虹波塔影、玉带临波等景点。虽然这里不属于高新区，但相距很近，有时间的话，值得实地一游。

六、无头佛像

宋代有位禅宗大师青原行思，他提出参禅有三重境界：参禅之初，看山是山，看水是水；禅有悟时，看山不是山，看水不是水；禅中彻悟，看山仍是山，看水仍是水。

这里主要说的是佛家讲究的入世与出世，于尘世间理会佛理之真谛。其实生活在尘世间的我们，也可以借来用用，看看红尘中的大美，提升自己的境界。

比如，我为什么在美丽的太湖边不用华美的辞藻和抒情的笔调描摹一番景物呢？我有我的想法。我觉得今天的游记，一定不必再用徐霞客那样的笔触来写了。如今拍照和拍摄视频太方便，你费了许多笔墨来描写，哪里比得上清晰的照片和视频来得生动呢？不如尽可能提供一些岁月之积淀，看看眼前山水的过往精彩，会会这里曾有的灿烂人生，那么，再看这山水，我们不知不觉就来了一个小小的"穿越"，起码可以接近青原行思的第二重境界：看山不是山，看水不是水。或看山不全是山，看水不全是水。

红尘之中有太多的诱惑和粉饰，在虚伪的面具后隐藏着太多的"潜规则"和太多的言不由衷，带给我们诸多的困惑和愤懑，这也容易导致我们在现实里迷失方向，或者愤怒，或者消沉。如今我们在这灵秀的山水中徜徉，尽可能地了解一些脚下土地的往事，那就像是在岁月的河床中淘金。如果我们能学会睿智地用心去体会这个世界，对一切多一份理性与现实的思考，这山就不再是单纯的山，水也不是单纯的水了。

太湖观澜，放纵身体的同时，也增添智慧。

那么，我们先接触一下约4500年前的东渚"窑墩遗址"吧。

窑墩遗址位于东渚镇淹马村的范家里村土墩处。窑墩原是一处高出地面三至四米，面积约400平方米的土墩，被当地窑厂取土，逐渐变为平地。遗址范围西界延及范家里村池塘，南边到范家里村池塘南边，东界到窑厂小河，北界延伸到高田，总计面积4万余平方米。

1980年4月，村民取土建土窑时发现了东汉古墓，在考古发掘时，又采集到磨制得非常光滑的双孔石斧、常型石锛、夹砂红陶鱼鳍形大鼎足、"丁"字形断面的鼎足、满饰花纹的夹砂红陶器耳、泥质黑衣陶豆盘、饰有竹节和镂空的豆把、带有断凿附加堆纹的夹砂红陶罐腹片，以及泥质灰陶、黑衣陶罐口沿等。这些文化遗物的特点与吴县草鞋山、张陵山遗址中早期良渚和典型良渚文化的遗物相接近，因此，此地为一处距今4500年左右的古文化遗址。窑墩遗址是苏州高新区西部山区发现的第一处新石器时代文化遗址。这座文化遗址的发现，为进一步研究太湖流域的古文化，提供了重要的实物依据。

接下来，介绍有名的万佛石塔。

这座石塔位于镇湖街道的西京村，2013年被列为全国重点文物保护单位。

万佛石塔原名禅师塔，始建于南宋绍兴年间，元大德十年（1306）高僧昕日重建，为"西华十八景"之一。还有一种说法，当时元军铁骑南下，与宋军在太湖大战，宋军伤亡过万，重建这座万佛塔是为了祭奠这些亡灵。万佛石塔属于仿印度窣堵波式单层方塔，由台基、塔身、塔刹三部分组成，青石结构，通高11.4米。长方形台基高2米余，塔身在北部，南部围以石栏，前有台阶八级。正方形塔身高4.3米，下边长3.3米，上边长2.8米，作覆斗状。四角立侧脚方倚柱支承额枋和塔檐，倚柱之间横砌条石构成塔壁。内部为高4.1米的下大上小圆筒形塔室。墙下有青石须弥座，中嵌《重修万佛宝塔记》碑，旁有"吴门石匠吴德谦昆仲造"题记。

上枭部位雕饰"惹草如意头"花纹。须弥座以上环筑十层武康石，雕刻60排高不足5厘米的小佛像，每排180

尊，共10800尊，坐姿一样，衣褶清晰，五官可辨。正对塔门雕有一尊高30厘米的佛像。原来还有元代书法家赵孟頫书的"万佛石塔"石刻。塔身上承叠涩出檐。塔檐下分别刻有"古塔重新""阿弥陀佛"横额。火焰状尖拱塔门高2.1米，两侧刻有"造塔功德普愿众生，发菩提心同成佛道"门对。塔刹自下而上由青石束腰、须弥座、莲座、四方佛、宝盖、覆莲、宝瓶、相轮、钵状覆莲等组成。元代万佛石塔造型、结构颇具特色，内雕万余佛像的古塔也属罕见。

民国年间，当地百姓愚昧，迷信"取石佛头煮汤治病"，有人真的从塔室内将佛像头凿下来，放到锅中沸水熬煮，喝这个水来治病，以致塔内许多佛像无头。看到这些无头佛像，不由想到鲁迅先生的小说《药》，愚昧的百姓用革命者的鲜血蘸馒头吃，用以治病，多么的可叹可悲。所以，鲁迅先生呐喊着要唤醒国民，小说中的形象除了作家的深刻思想外，笔下的故事也不缺少生活基础，此石塔可以为证。

1976年塔刹被台风吹落；1978年省里拨款整修，并增筑围墙加以保护；1996年再次全面维修加固。

如今，万佛石塔也是一处古意盎然的景点，看看石塔，看看古树，还有意蕴丰厚的楹联等，一定会收益不少。

万佛石塔

万佛石塔内部

七、面湖临风

说这里是风水宝地，不用过多渲染，只需从一代代前人选这里做墓地，就可以证明言之不虚。因为，作为有生命的人，从无到有，又从有到无，母腹是起点，墓地是终点，不可草率了事。这事儿说起来有点复杂，譬如风水对血脉后世的影响，很是玄妙，有人就在活着时为自己购买房子（亦称阳宅）的同时，也购买了墓地（阴宅）。更多的当然是后人为其选定的"落土为安"，或者归葬祖坟墓群，或者选取一个视野开阔、干爽舒适、四季花木茂盛的高地，从心理上"尽最后一次孝"。如果是皇家，当然还要归葬皇陵。

这里第一个要说的，是吴王墓。

网上搜索，排在首位的是吴王吴芮，秦时被封为番阳令（即后之鄱阳，今之波阳）。楚王项羽封吴芮为衡山王，刘邦即位，将临江改为长沙，加封吴芮为长沙王。其人名气不小，其墓被称为吴王墓。当然与太湖东岸这片山水没有关系。

还有一个吴王阖闾，他的墓地可以确定在虎丘，那里是吴王的王陵。这个与我们要说的吴王虽有关系，但墓葬没有关系。

我们这里要说的吴王，是阖闾的儿子夫差，比吴芮要早很多。史书上大都记载他的墓地在阳山。东汉赵晔《吴越春秋》载："越王乃葬吴王于秦余杭山卑犹。"《越绝书》载："秦余杭山者，越王栖吴夫差山也，去县五十里。夫差冢，在犹亭西卑犹位。越王候干戈人一累土以葬之。近太湖七里。"宋范成大《吴郡志》载："吴王夫差墓，在阳山。"明岳岱《阳山志》说："越兵至，擒夫差于干隧，干隧出万安山西南一里也。越王数夫差大过者六，谓范蠡杀之者三，越王与之剑。夫差旬日自杀。越人累土葬之卑犹，曰蒸丘，曰秦余杭，皆阳山别名。或曰：亦名卑犹万安。"秦余杭山就是阳山。"干隧"在"万安山"的西南一里处。而万安山是阳山的别称。也就是说，夫差自杀的位置在阳山西南一里的干隧。一个亡国之君，被俘后求生，愿意像当年他打败的勾践一样，低头称臣。但勾践不允，命令士兵，不由分说格杀勿论，于是刚愎自用的夫差只能自杀于此，越军士兵就把他就地给埋了。夫差也算是一代枭雄，可惜无从归葬王陵，就在太湖边看湖水潮起潮落，任后人评是论非。

2005年7月，苏州博物馆接到报告，在高新区东渚镇宝山村阳抱山獾墩修复采石宕口现场发现有大型墓葬，迅速到位的考古专家现场实地踏勘，发现这獾墩位于阳抱山北侧小峰上，顶部有东西长9米余的墓坑露出，其上残存封土仅3米余，其东西两侧还有石砌防盗墙，整体规模东西长约40米。从埋葬位置、埋葬形式和建造方法可以初步判断该墓葬为春秋时期大型墓葬。

在对獾墩土墩墓进行抢救性发掘时，考古人员从墓室封土及墓室内逐层进行清理发掘。此墓葬遗址为一墩一墓，是在基岩上由人工堆筑的土墩墓，整座土墩封土达7层，多呈坡状堆积，墩中部堆积层较厚，近边缘处略薄。令人遗憾的是在墓室西北侧有一坑，东西长2.8米、南北长2.5米、深约1.6米，极可能为当时的一个随葬器物坑，可惜在该坑地表下有一个早期盗洞，一直至底再通到墓室，所有器物均被盗掘一空。仅在墓室内底部残留15件随葬器物，系陶瓷类，主要为原始瓷碗与陶纺轮，玉石类则有玛瑙管、玉柱状器、绿松石珠、镶嵌类绿松石片等。

那么，这究竟是不是夫差的墓呢？墓葬地没有铭文、简牍、石刻、印章之类能证明墓主身份的文字，考古人员到目前为止，都还没有做出结论。

一个谜面抛出，游客或许能有自己的判断？

另外，宝山遗址、晋墓文物等，是这片山水中的不凡存在，资料方便的话，都值得了解。除此之外，依照时间顺序，这里还有鲁肃墓、陆绩墓、徐奭墓、郑时发墓、郑

起潜墓、虞展墓、朱德润墓、朱质墓、朱懋化墓、朱半山墓、朱用纯墓、徐仲升墓、吴福墓、沈瓒墓、吴一鹏墓、袁祖庚墓、周诏墓、程孟雄墓、惠有声墓、惠周惕墓、惠士奇墓、彭珑墓、尤世求墓、蒋之逵墓、蒋杲墓、蒋元益墓，等等，这些人均为非同小可之辈。而在通安一边，又有汉豫章太守陆烈墓、晋司空陆玩墓、明顾元庆和陈道复墓、清王伦墓，也可归为一个整体。

这之中，尤其值得一说的，是陆绩墓和惠氏墓。

陆绩是东汉末年的郁林（现为"玉林"）太守，苏州籍，自幼即因怀橘遗亲而进入二十四孝，博学多才，为官政绩上佳又清廉，深得当地百姓称赞。后来，他因病辞官回归故乡时，除了简单的行装和好几箱书籍之外，竟然没有其他财物可带，以至于船因为太轻压不住风浪，难以入海航行。不得已，陆绩只好让人随意搬取一块大石头镇压于船上，如同书画家的镇纸一般，这才得以起航，平安归故里。这块石头，被后人称为"廉石"，至今也是生动的教材，供后人瞻仰。《天一阁藏明代方志选刊续编》影印的明代隆庆五年（1571）刻本《长洲县志》载："吴郁林太守陆绩墓在阳抱山。"另有《阳山志》也载："陆绩墓在阳抱山。"对于这么一位人物的长眠地，后人至此，大多会徘徊再三，若有所思。

提到惠氏墓，一定会说到"惠氏三杰"。东渚惠氏因一门出了惠周惕、惠士奇、惠栋祖孙三代经学家而闻名，史称"惠氏三杰"。这"三杰"中，只有惠栋的墓地不在此，而在藏书。另外，没有进入"三杰"的惠有声，其实更值得后人敬仰。"惠氏三杰"同入沧浪亭的"五百名贤堂",成了唯一的三代同一"堂"的案例,殊为不易。这里面,惠有声又没能进入。表面上看来,他应该有些失落,但其实他更有理由得意。因为,这三代形成的"三杰",都是他的子孙。他是水之源,木之本。

惠氏中,惠栋的成就最高,虽然他不像他的父亲和祖父为进士出身,但他是清代汉学吴派的代表人物,也是惠氏的集大成者。而他的太公惠有声,可以说是树立了家风,开启了精心培育后代的先河。惠有声在东渚的乡野间,考取贡生,却不走仕途,而是专心教授乡里子弟,提携晚辈。所以,清代道光的《浒墅关志》评价,"惠氏四世传经,有声为首",很有道理。

东渚惠氏系出百岁堂惠氏,奉惠元祐为"百岁堂"惠氏一世祖。惠氏一族的家风,有些是惠氏后裔口口传说的先辈事迹,有些是他人对惠氏寥寥数语的评说,还有一些蕴藏在留世的族谱、家训、族规、家联、堂联、祠联及字辈派语中,犹如沙底沉埋的珠贝,讲着熠熠生辉的传家故事。当代有人总结,纵观"百岁堂"惠氏的家族风尚,可以归整出五个闪光点:第一是刻苦攻书、雅意做人的崇文好学之风;第二是明辨是非、爱才好士的慧眼识人之风;第三是不畏强权、崇尚节烈的坚韧不屈之风;第四是俱务行善、亲和乡邻的兼爱无私之风;第五是戒惕争讼、忠厚谦忍的淡泊随性之风。

湖水潋滟,山色空蒙,多少说得清说不清的话,还是不要多由人来絮絮叨叨吧,自己面湖临风,思前想后更有意思。

鱼米　篇

TAYU QIANGAN

起捕

一、明眸善睐

2018年3月1日，为苏州国家历史文化名城提供法治保障的地方性法规《苏州国家历史文化名城保护条例》正式施行。《苏州日报》在当天的新闻中，发表了题为《我市建成10个康居特色村》的报道。文中介绍了苏州市美丽乡村建设将继续纳入市政府实事项目，2017年苏州市新建成10个康居特色村和350个三星级康居乡村，全市累计已建成三星级康居乡村1140个（含美丽村庄示范点100个）。2018年，美丽乡村建设继续纳入市政府实事项目，目标是新建成10个康居特色村和350个三星级康居乡村。这最顶级的10个康居特色村分配情况是，张家港市2个，常熟市1个，太仓市1个，昆山市1个，吴江区1个，吴中区2个，相城区1个，高新区1个。树山村榜上有名。

同时实施的还有《苏州市江南水乡古镇保护办法》，

这是苏州市首次对江南水乡古镇进行专项立法保护。

《苏州市江南水乡古镇保护办法》是2017年苏州市政府立法项目，当年12月26日经市政府第27次常务会议讨论通过，以第144号苏州市人民政府令公开发布，2018年3月1日起实施。《苏州市江南水乡古镇保护办法》吸收了国际先进理念，在我市地方立法中尚属首次。

这两条新闻我看得特别认真。我想到的是苏州和太湖之间的这片西部真山真水，以及山水之间的古镇古村落。我有感而发，当即写下一篇题为《"活态"的古镇村，才能留住江南韵味》的时事评论，刊发在次日的《苏州日报》上。

我是这样写的：昨起实施的《苏州市江南水乡古镇保护办法》，吸收了国际先进理念，注重古镇村要素的整体性，同时鼓励当地居民参与，使古镇村呈现一种"活态"传承，对于苏州全域游这盘大棋来说，是一步满盘皆活的妙手。

真实是古镇村的生命。现实中看到不少低劣的仿古建筑，也看到一些让人感觉怪异的赝品古董，"不真实"是致命伤。"不真实"的仿制品，就像没有生命的道具，像木偶，它传递不了岁月的沧桑，记载不下历史的密码，是欺骗人的假货，毫无魅力可言。就像断臂维纳斯塑像一样，如果今人为了所谓的完美、完整而为其重续两条手臂，那将是多么愚蠢的行为。时空风雨的侵蚀使古镇村需要维修，立法让维修必须使用原材料和原工艺，这就避免了

"好心办坏事"，让保护不至于矫枉过正，不至于像某些整容一样整成了"破相"。这在我市地方立法中尚属首次，正是这个"首次"也让古镇村保护上了一个大大的台阶。这是江南古镇村保护的福音。

"活态"传承可以让古镇村保护和全域游"两套锣鼓一起敲"，相得益彰。有人说：没有了虎丘的苏州还是苏州，但没有了小巷的苏州就不再是苏州了。这种见解强调了"活态"的人气对于古城的重要性，这样的古城才是有血有肉、眉目传神的古城，是可以亲近的古城。同样，没

树山晨辉

有了古镇古村落的江南，也就等于被抽掉了烟雨江南最重要的元素，变成了缺少特色的千城一面。同时，如果让居民都迁出让位于商铺，这种过浓的商业气氛会剥夺古镇村应有的宁静淡雅之美。注重水乡古镇村的整体性保护，就应该有序合理地控制过度开发和防范对生态的污染。鼓励居民在古镇古村上居住、就业、创业，是"活态"传承的重要一环。对当地居民自愿穿着水乡服饰，展示当地民风民俗和日常生活方式者，也应该给予奖励，因为这是江南风情的重要组成部分，是不可或缺的全域游资源。

江南之美，美在哪里？美在她的粉墙黛瓦，美在她的小桥弯弯，美在她的杏花春雨，美在她的古朴宁静。古镇古村，就是这一切的载体，是美味佳肴的托盘。

还有许多内容没法写进时评中。我与清华大学一位知名建筑学家交谈过，他认为从色调来说，黑白之美是永恒的美，北京皇家的建筑都是大红大黄，并非他们不懂黑白之美，而是北方的干燥和风沙使得他们没有办法追求这种黑白之美。在北方建筑中也尝试这种江南韵味的话，最多不过一两周，那粉白的墙就会灰蒙蒙，如同患上白内障的眼睛。他们爱用大红大黄，其实也是无奈之举。江南的粉墙黛瓦，就是在最恰当的时候和地点运用了最恰当的色泽，营造了最幽美的自己。

这话我听懂了。因为我也写过"我的明眸善睐的江南"诗句。在我看来，江南就是这么一对温情机灵的美目。

二、石头寓言

这章节的前贤现场导游，我想请东汉末年的苏州人陆绩出场。不仅仅是因为时间顺序，还因为一个橘子。橘子——苏州西部地带最盛产的水果之一。

在中国文学史上，橘子惊艳于诗歌典籍，比较早的大约是屈原的少年之作《橘颂》，让后世津津乐道。诗中写道："后皇嘉树，橘徕服兮。受命不迁，生南国兮。"将橘子人格化，托物言志，表明自己对故国家园的深深眷恋，不离不弃。尤其诗中还有"年岁虽少，可师长兮"的句子，更是堪可玩味，展开联想。

屈原几百年后，这枚橘子传到了吴中少年陆绩的手上。陆绩通过自己的做派，让橘子部分彰显了屈原诗中的精华，同时，故事也更加温婉可亲，显示出人伦的光泽，可从表欣赏，更可剥皮品尝内里。尤其在今天，橘子熟了，人们在接受大自然的恩典时，佐以前贤在这枚水果上的率先垂范，当更能增添滋味和营养。

"怀橘遗亲"的典故，在中国的孝文化中久久流芳。陈寿的《三国志》也记载有这个故事。东汉末年，苏州人陆绩才六岁，随时任庐江太守的父亲陆康到九江拜见当时的高官袁术。袁术招待上门的小客人，用的就是橘子。这种人家的橘子，当然是上等的橘子，小陆绩舍不得全部吃完，就将其中两枚塞进怀中，想带给家里的母亲。临别告辞，躬身施礼之际，橘子滚落地上，袁术笑问他："陆郎啊，你做客怎么吃了还要拿啊？"陆绩如实承认："好橘子，想带回家给妈妈品尝。"袁术听罢，当即赞赏了小陆绩的行为，并将此事在别的场合提及，让许多人都知道了这个六岁孩子得到好东西而思亲的做法，之后便成佳话，传播千百年。到了元代，学人郭居敬将其编入《二十四孝》中。

从这个故事的流传过程看，不能不提及袁术。在《三国演义》的书中，以及相关的影视剧中和戏剧舞台上，袁术的形象并不太好，与曹操的白脸底色完全相同，基本上是作为反派来陪衬红脸的正派人物。但在陆绩"怀橘遗亲"的故事中，他是个温厚的长者，很有人情味。他不认为家中的小客人吃了还要拿有何不可，不认为其中有点貌似小贪婪。恰恰相反，他从孩子对母亲的感情上，从孩子清澈的目光中，大约是想到了自己的少年时代，想到了自己的母亲。于是，他嘉许这个吃了还要拿的少年，并将陆绩"怀橘遗亲"的故事传扬出去，温暖更多的人。这也说明，人心相通，人性相通。

一个少年怀中的橘子，给一个白面冷酷的角色，涂上了些许暖意的腮红。

当然，更值得称道的，还是陆绩心中有人。他得到好东西，不是自私地独享，而是想着与他人分享。他带回外出做客时尝到的橘子给母亲，他母亲品尝到的就不仅仅只是一两枚橘子。他母亲一定能通过儿子的描述，知道自己儿子在人家做客时的经过，人虽没去，但心也间接去了，领受到了对方对自己孩子的客气友好。这是一种非常有价值的分享，为日后投桃报李的感恩还情，埋下了良好的种子。他母亲从儿子带回的橘子中，当然能明白儿子的孝心，搂儿在怀，喃喃表扬，就充分利用好了这两枚橘子转化而成的教材。橘子自家果园可摘，街上摊点可买，滋味可都是有异于儿子带回家的。这种带着小儿体温的橘子，昭示的是其孝心爱心，是可贵的人之品行。适时加以肯定和点拨，告诉他，对自己母亲要这样，对他人也要这样，就能让儿子小小心灵更加根深蒂固地树立为众多人谋福祉的宏大志向。

我也看到今人有相关的评述，当然是唱反调的，带吐槽调侃性质，有种追求喇叭出异声不妨调头反吹的思路，刻意归纳出大相径庭的演绎。当然也并无多大恶意，恶搞不一定都有恶意。这个别人认为，吴地物产丰富，橘子可谓比比皆是，陆家也算是官宦人家，家里哪里在乎几枚橘子呢？不过是这孩子吃了橘子还想顺手牵羊再偷几枚，穿帮被人发现，才灵机一动，仿效曹孟德献刀，顺势说是带给母亲吃，遮掩过去。这种言论，带有太多的以己之心度人之腹的色彩。既然家中橘子多，那又何必要偷？吴地产橘，出门随手摘几枚不就可以了吗？

做人还是要多从好处理解人。这样，即便没有吃到橘子，也能感受橘子的甜美。相反，满腹酸水看待古代几枚鲜美的橘子，只会加重自己腹中酸水咕噜。古人不酸今人酸，何苦？

细想，陆绩的怀橘遗亲，与其日后船载廉石还乡，有着非常严密的内在联系，几乎形同因果。

少时手捏两枚橘子便演绎出诸多滋味的陆绩，走上建功立业的人生大道后，非但没有被处处难免的绊脚石绊倒，反而于一块大石头上不经意间撰写了让后人受益无穷的精美华章。

陆绩的这块石头，没有《石头记》中贾宝玉的佩玉那样来得诡异。陆绩在千里外的广西郁林郡做郡守期间，离任返回东吴故里，船轻不堪风浪，于是急中生智，随意从郁林河边抬了一块石头上船。如今，这块穿越一千八百度春秋的石头，被放置在苏州文庙中，让后人浏览评说。

陆绩在任时，是百姓心里口中的好官。据记载，他上任后非常注重民生，发动民众抵御天灾，修筑民用工程，他在南江村上领民众凿下的井，至今还能用，人称"陆公井"。此举在当时，为改善当地百姓饮水和生活条件、减轻疫病传播，有积极示范作用。陆绩到任时已有两子，非

常想有一个女儿，天遂人意，在郁林郡时，其妻生下一个宝贝女儿，他便开心地给女儿取名郁生，作为纪念，他对脚下土地的感恩之情不言而喻。离别之际，迫不得已从河畔索取的一块石头，反映的正是其两袖清风。

河畔石被搬走了一块，留下的是为官的标杆，以至后人久久缅怀思齐。五代时的南汉贵州判史刘博古，念及陆绩怀橘孝母之孝道，在陆公井边栽橘一株，故陆公井又被称为"橘井"。本土居民更为直接，将此井叫作"怀橘井"，并将此地地名亦定为"怀橘坊"。到了清光绪年间，时任贵县知县的东莞籍蒋航将这一带定名为"橘井名区"，并亲自题签立牌楼，此牌楼至今尚存。这些都是这位带块巨石离任的官员留下的无形资产。

有意思的是，这怀橘遗亲的故事，距离郁林有着很远很远的时空，但从当地人的喜爱程度看，仿佛那个故事就发生在他们那里，那两枚橘子，就是他们郁林当地的橘子，那个怀橘赠母的孩子呢，自然就是他们左邻右舍中的一个普通孩子。

在苏州也是这样。陆绩的出生地和归葬地都是苏州，但这个怀橘遗亲的故事，并不是发生在苏州，可是如今苏州人说起这个故事来，好像其中小主人公，就是哪条临河弄堂里的一个小赤佬。

说到船上的巨石，苏州人一定忘不了宋代吴郡人朱勔的"生辰纲事件"。朱勔就是靠搜集网罗太湖石，北上进汴京，投好宋徽宗，结果，虽然一时飞黄腾达，最终还是以惨淡句号收场。船上石头进石头出，这个不说话的角儿，在演给后人怎样一出戏？

苏州船上的巨石，就像一个寓言。

一枚有滋味的橘子，带来一块有分量的石头。

橘子和石头，并不通灵，是万物之灵的人，赋予了它们以灵性。

陆绩与橘子和石头的两个故事，久久以来，均频频被提及，遗憾的是，在传扬这两个故事时，它们从来都是被彼此割离。说孝道，会说到少年陆绩与橘子；说廉正，会说到成年陆绩与石头。仿佛二者虽不至于南辕北辙，但这两个故事总还是两条线上的动车，各奔各的目的地，互不相干。我们不妨将二者打通了，我们会发现，它们不仅是一加一大于二，甚至彼此是物理关系，也可能是化学关系。

一个心里有他人的孩子，吃一枚橘子会想到他的娘；做官了，他就不会将自己当成百姓的"父母官"，而是将百姓奉为父母来孝敬。在任时，他想到的是为百姓父母做实事，做善事；离任之际，他想到的绝不是趁机捞一把，而是善始善终、完美谢幕。中外官场史上，也有很多人任上政绩不俗，离任时却晚节不保，造成前功尽弃，让人叹惋。想一想，真的是"年岁虽少，可师长兮"。这些人真的该想一想少年陆绩，闻一闻那个远古少年手中的橘香。

陆绩的压船巨石，可以让为官者读懂很多。即便某些人带着贪念侥幸一时成了漏网之鱼，夜半做梦，难保自己不常常驾扁舟于波峰浪谷颠簸吧？梦中惊醒，枕席一片虚汗，值得吗？不义之财，不洁之财，不但不会给自己带来安心舒适的晚年，而且还大有养育不肖纨绔后辈之虞。钱财来路不干净，后人不劳而获，哪能不滋生无德无能却照旧享福的惯性思维？今人已有让人调侃的"坑爹"笑谈，"漏网之鱼们"一不留神，恐怕就埋下了"坑儿"的种子吧！哪里比得上船头有块镇船石，上无愧日月，中不惧风浪，下有鱼儿仰视的快意人生？

一枚小小的橘子，在心中有他人的人手中，会渐渐变成一块增添人生分量的廉石。

橘子年年来到人间。我们在食橘时，想想这枚人间佳果的千年岁月，想想与它同一方水土上的人和事，再剥开它苦涩的表皮，掰下一瓣瓣甜美，一瓣瓣思辨……

三、树山寻幽

树山村属于通安镇。

通安镇位于苏州高新区西北，西临太湖，东枕京杭运河与浒关镇相邻，南依阳山紧接苏州科技城，北靠312国道与望亭镇接壤，全镇总面积38平方公里，下辖8个行政村、9个社区，现有常住人口6.9万人，是"国家卫生镇""全国环境优美乡镇"。

通安镇境内有阳山山脉、太湖水域，一片真山真水的所在，承载着悠久的历史文脉。这里有"东南一奇"大石山景区和千年金墅古街，树山村更是全国农业旅游示范点、国家级生态村、中国美丽田园，还有前文提及的苏州最顶级的10个康居特色村之一。这里一年一度的莲花庙会和梨花文化节，已成为全高新区两大旅游盛事。翠冠梨、云泉茶、杨梅果、同心米、太湖水产等享有盛誉；金墅双草席是唐宋皇室贡品，深受苏州人赞叹；刺绣制品自明清便远销海内外。

树山村在大阳山北麓，北靠通安镇区，整个村坐落在阳山与鸡笼山的环抱之中，村内山清水秀，山体植被保护完好。全村占地5.2平方公里，有三山四坞五条浜，即南阳山、鸡笼山、树山，大石坞、戈家坞、唐家坞、白墻坞，孙家浜、枣浜、沿河浜、沿头巷浜、戈巷浜。全村自然资源丰富，历史文化底蕴深厚，文物古迹众多，尤其是大石山奇峰、怪石、异洞、石刻，满眼皆绿色，一派天然胜境。苏浒木公路、浒光运河贯穿全村，与312国道、沪宁高速、沪宁铁路、京杭大运河相邻，5分钟可达苏州绕城高速。全村人口1822人，556户，分为15个自然小组。这里的1050多亩田已全部调整种植翠冠梨，成为观光果园。山地4700多亩，分别种植了杨梅2000多亩，茶树800多亩，笋用竹300多亩，还有自然的食用、药用、观赏林木。

大石山上有明代末礼部尚书王铎的"仙砰"、吴颖培的"大块文章"、浒墅关关官钱天锡的"夕照岩"和近代李根源先生的"仙桥"以及"唯和呈喜"等摩崖石刻。尤其是"唯和呈喜"石刻与构建和谐社会内容不谋而合，深受大家的赞赏。

树山村的山林中有众多观赏、药用树木，还有野兔、山鸡、刺猬、猪獾、松鼠等野生动物及白鹭、画眉、白头翁等鸟类。桂花、珊瑚树、栀子花、海棠、紫薇、含笑等花卉争艳，茶树碧翠，林木幽深，整个树山村有"山含图

画意，水洒管弦音"的意境。大石山坞中的大石山更是峰涌叠翠，现已开发为大石山风景旅游区。树山村全长3公里的观光木栈道已向游客开放，游客乘坐观光电瓶车能饱览树山村风光。

树山邻近太湖，因此到了树山一定要吃河鲜。银鱼、白鱼、白虾是有名的"太湖三白"，营养价值极高，在当地也被视为珍品。树山村由于生态条件优越，云泉碧螺春茶早在东晋时期就享有盛名，但因为产量极其有限，鲜为人知。

树山的翠冠梨，肉脆多汁、酸甜可口、口感极佳。由于得天独厚的生态环境，这里的水果不喷施农药，大家大可放心食用。翠冠梨本身富含糖、蛋白质、脂肪、钙、铁及多种维生素，具有很高的营养价值。树山翠冠梨全部按国家标准化管理委员会无公害质量栽培技术规程生产，被国家列为无公害食品，达到了绿色食品标准。

村中的云泉寺在大石山山坞中，宋朝年间由珍护禅师入大石山掌建，取名云泉庵，后元大德年间由觉明高僧兴盛，是苏州阳山地区十大寺院之一。寺庵点缀了美景，云泉二泓自石缝泻纳小池，又暗泉一股纳往湖池，碧澄中云影徘徊，欲与人神交。清末洪杨战乱，寺庵被焚之一炬，重建不久，又遭日寇践踏。抗日战争胜利后，当地百姓自发构架重修，自此改名为云泉寺，可惜"文革"中再次被毁，如今又梵音钟磬缭绕，劫后重生。

云泉寺与拜石轩、毛竹磴、招隐桥、仙桥、宜晚屏、

干煎手撕

银鱼土

茶香太湖虾

玉尘涧、青松宅、杨梅岗、款云亭、凝霞楼、石井、石龙、玉皇阁、夕照岩、观音阁、见湖峰等为大石山十八景。云泉寺与大石山之秀美，招来众多文人墨客的游兴与诗吟。苏州明代大臣吴宽就留有"循径以入，茂林幽间，若将迷焉，行渐深。有台，至是少憩。仰望楼阁，胜不能图。攀登再上，即之。有长松美竹，列映石门，有佛阁轩亭，皆因宜构架石上。前临深壑，松竹森郁于下，太湖远峰，可收一望"。似乎把大石山的岩泉、景庵、径壑、竹林、石台、山峰等远近苍翠景色汇拢笔端，纳入袖中。

一路走一路看，恍若梦境，感觉自己穿越到了明朝的某个时间段。

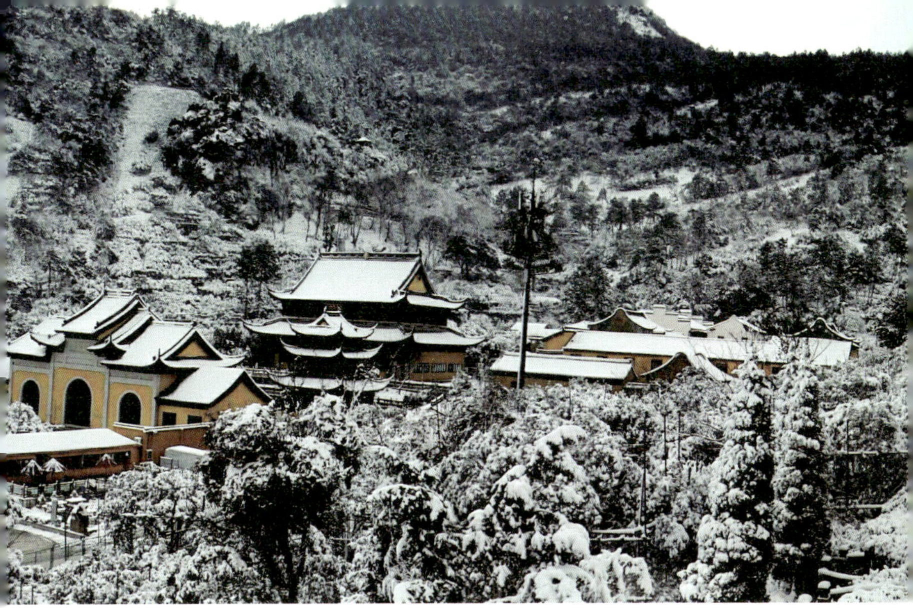

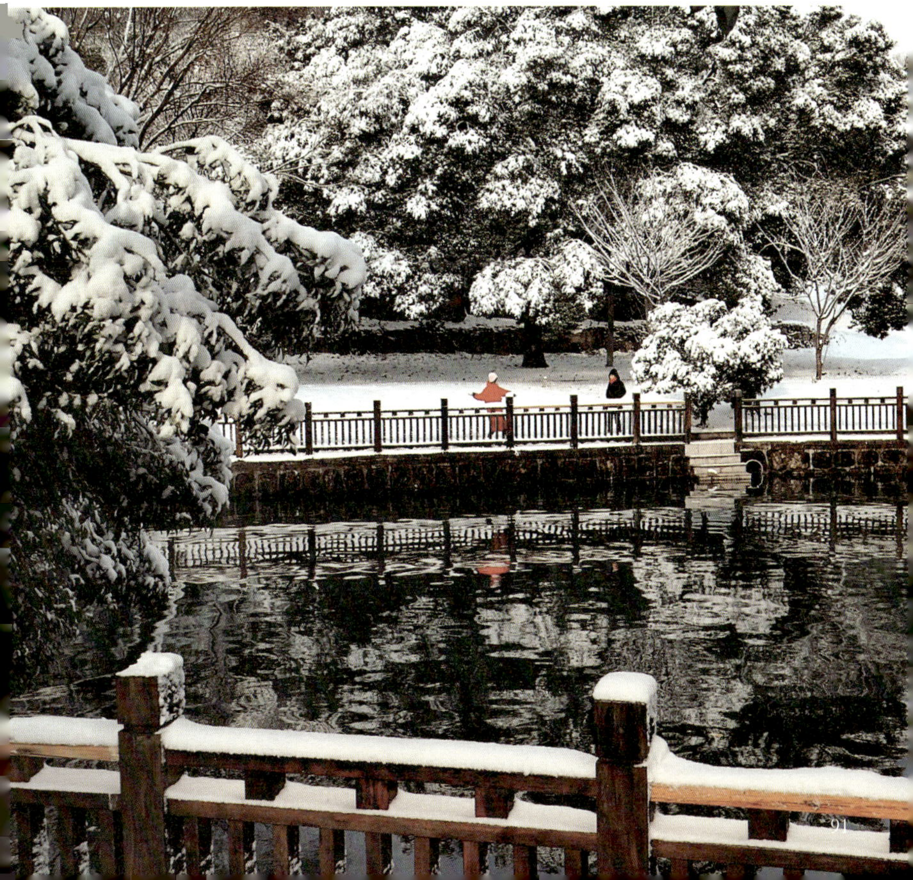

四、金墅老街

了解这条老街的故事，是通过我的同事高戬的描述。他专程实地做过采访，对我说，真的值得去游玩一趟，绝对会感慨不虚此行。

据方志记载，金墅曾是典型的江南鱼米之乡，金墅港是苏州城通往太湖的水道要冲，明代开始设置金墅镇，属长洲县四都四图，有千总驻防在镇上，防范太湖盗匪。到了清代设置通安镇，金墅、通安两镇并列。民国十六年（1927）金墅镇遭湖匪洗劫，此后趋于衰落。1957年金墅并入通安。

金墅老街长数百米，沿着金墅港北岸铺开，主街宽约两米，由花岗岩碎石铺成，天长日久，粗糙的花岗石表面被鞋底磨出光泽。街当中有一座拱桥横跨金墅港，当地人

称其为"银子桥"，其实，"银子桥"是"亭子桥"的讹传，这座桥原为一座带凉亭的木桥。"金墅街"的发音也和"金子街"接近，因此，街和桥，长久以来合称为"金街银桥"。

"金街银桥"的语音讹传，也从一个侧面反映出金墅曾经的繁华。据记载，明清时期的金墅商贾云集，街上有各种店铺。民国期间，老街上出了个裁缝叫王启堂，做西装、旗袍的手艺特别好，二十世纪三十年代，上海一个高官向他订购一批服饰，要求限时完成。王启堂提出要给老街通电，方便乡邻和自己夜间赶工，就这样，电灯开始照亮金墅的夜晚。据说，金墅是苏州城西太湖边最早被电文明照亮的地方。王启堂在富裕后也没有忘记乡邻，如今的碎石街，就是王启堂捐资修建的。

老街上曾有孙、刘、秦、沈四大望族，每个家族都有一座气派的"墙门"。秦家的"墙门"如今仍基本完好，主体建筑是一座木结构的二层小楼，一排排古色古香的雕花窗，一根根粗壮的木柱，一块块黝黑光亮的地砖，静静地诉说着这个家族曾经的显赫和不凡。

孙家药店也曾是街上生意最兴隆的商号之一，如今老人们爱聚集打麻将的场所，就是孙家药店的一间门面。

老街现在的常住人口只有约200人，集镇早就迁移到南面的新金墅街了，年轻人也陆续搬走了，老街逐渐成了"被遗忘的角落""被湮没的辉煌"。

老街上的时光缓慢得几乎停滞。每天早上，老人们去新街上买菜，然后回老街做饭，吃过午饭悠闲地打牌、喝茶、聊天、在河边洗涮；街上的行人寥寥可数，狗儿猫儿气定神闲地踱步，白鹅和麻鸭在河边觅食……但一年中有一天例外——农历七月三十，这一天，来自通安和周边乡镇的上万居民，都会汇聚到金墅老街西首的莲花寺，参加一年一度的"轧莲花"庙会。

有确凿的史料可以证明，莲花寺始建于唐神龙二年（706），迄今已有1300多年历史。古代的莲花寺规模甚大，明代文震孟《重修莲花寺大佛殿纪略》云："茂苑西，镇名金墅，有寺曰莲华，系先朝里人刘文隆舍宅为寺，以井观青莲而得名。"这也证实了当年金墅的确出过一个名叫刘文隆的大将，他立下累累战功后回乡省亲，不料因为常年在外不归，家乡误传他已战死沙场，因此其妻改嫁。凑巧的是刘文隆回家那日恰好是妻子改嫁之日，妻子见丈夫不弃糟糠归来，愧悔难当，投井自尽；刘本人也万念俱灰，舍宅为寺，削发为僧。

"轧莲花"的起源也有一段骇人的传闻。

说是古时候莲花寺内有一个大池塘，池里藏匿着一条蛇妖，每年七月三十，蛇妖将舌头伸在水面上，缠绕成一朵莲花的形状，引诱善男信女"坐莲花升天"，待人坐上"莲花"，蛇妖便卷拢蛇信，将人吞入腹中。这"坐莲花登仙界"的说法越传越广，后来，蛇妖的把戏被一个姓王的状元识破，而他的母亲也想要"坐莲花升天"，王状元便想着为民除害。到了这年的七月三十，王状元的母亲正准备登上"莲花"，他佯称要先将送母亲的礼物抬上去，待三大袋"礼物"放好后，蛇妖收拢"莲花"沉入水底，不一会池水开始翻滚，接着腥臭阵阵，浮出一条肚皮爆裂的巨大死蛇，人们吓得目瞪口呆。原来，王状元的三大袋"礼物"是生石灰，被蛇妖吞下后在其腹中遇水发生剧烈膨胀反应，将其撑爆炸死。得知真相后，大家对王状元感恩戴德，认为读书人还是有降妖除魔的大本事。

据通安镇相关人士介绍，"轧莲花"是现在高新区最有影响力的民俗活动，堪比苏州城南浩街的"轧神仙"。活动当天，来自苏州和上海、无锡、杭州等地的香客们云集莲花寺进香祈福，寺外广场上各种小商品、地方美食林林总总，池塘内莲花灯漂荡……

我不知这"轧莲花"中的蛇与镇江金山寺的白蛇有没有关联，巧合的是两条蛇都与书生有关系，结局却大不相同。这表现了人们的一种什么审美取向呢？值得玩味。

我们还是回到金墅古街。如今的下午，老街依旧是安静的，静到能听闻鱼儿跃出河水泼刺的叩问，以及太湖的风穿过树叶的摩挲声，这安静也是稀缺资源啊。

这是高新区屈指可数的原生态老街之一。旧时，太湖边丰富的水产和稻谷在这里集散，老街因此成为一处兴旺的集市。风流总被雨打风吹去，如今的老街已难觅昔日的繁华，但偶尔造访的外来者，或许依稀能嗅到旧时江南的鱼腥和稻香，打捞起若有若无的幽思。

老街四周还环绕着大片的肥沃农田。据通安镇相关负责人介绍，镇里准备开发"万亩农园"项目，出台了"梦归渔稻港湾——通安万亩农园概念设计方案"。根据这份设计方案，"万亩农园"位于通安镇西部片区，将是一个水网环绕、稻花飘香、水鸟翱翔、诗意栖居的近城市生态区，这样一来，老街将重现生机。

"万亩农园"的首期开发已经启动，并迅速见效，油菜开花的时节，苏州人都爱开着车携带着家人来观看这离太湖最近的稻田和西部最美的油菜花。遍地金黄的油菜花，将金墅应有的光鲜，重新归还给了金墅。同样，金墅也将她原有的颜值，奉献给了她身边的母亲湖。

五、稻香长巷

来到东渚长巷村，眼光会被一大片离太湖最近的稻田所拴牢。

这是一片希望的田野。伴随苏州工业化、城市化的加速，对维持本地生态系统有重要作用的水稻田正不断被蚕食，高新区首家专业合作农场启动建设的消息传开后，立刻广受社会关注。东渚街道长巷村将原来14个零散鱼塘集中改造，退渔还耕，种植优质水稻等农作物。这不仅为村级经济带来很大转变，使村民生活更加舒心，也让苏州市民有了口福。

最重要的是，这里已成为苏州西部生态城现代观光农业的新地标。

民以食为天。在自古被称为"鱼米之乡"的苏州更是如此。对苏州人而言，一碗米饭的品质和吃口非常重要。从天下粮仓，到今天的销粮大户，苏州人和大米的情缘从未剪断。自古的"鱼米之乡""苏湖熟天下足"，不能经济发达了，却要从外地运粮食来，似乎从感情上也说不过去。

起码，我们的乡愁之根，应该有泥土来栽培；我们的乡愁之鸟，应该有枝可栖。

如今，苏州本地大米的年产量在10亿斤左右。总体来说，苏州市民对地产大米的热衷度不减。伴随生产成本的日益提高，地产大米开始趋向高端路线，人们在选购时普遍会优先考虑优质品牌。地产大米无论是品种、米质，还是口感，都有良好的保证。这些地产大米，一般通过农产品专卖店、超市卖场等渠道走上市民餐桌。

有专家称，三国时期的曹操北方大军南下，在赤壁被孙刘联军以少胜多，"樯橹灰飞烟灭"，与北方士兵不服南方的水土有很大关系。水土不服，重则生病，轻则软弱无力，战斗力大减。这种水土不服主要是初到一地，肠胃不习惯陌生地域的饮食。同样，如果人住在故乡，但食品主要是从遥远的异地运来的，这些农作物不是与我们在同一方水土中一同生长的，即便身在故乡，也会产生类似的"水土不服"。我不知其中的科学性到底如何，但我从感情上认同。

苏州的水稻田保护，太湖之滨的水稻文化保护，意义深远。稻田牵连着对吴文化的传承和守护，并有着更为现实的意义：别看一亩水稻的经济价值仅为几百元，但据专家测算，其排涝、净化水质等生态价值可达上千元。除提供丰富的粮食外，水稻田还是最经济的人工湿地。

走进东渚镇长巷村的"合作农场"，夏天，蔚蓝的天空下一望无际的水稻秧苗，碧波荡漾；走过"稻花香里说丰年"的时节，金秋，稻田里金浪翻滚，空气中散发着水稻的充实清香。田间200多亩水稻长势良好，枝枝稻穗低垂，粒粒稻谷饱满，呈现出一派丰收在望的喜人景象。

据长巷村党支部书记仇永康介绍，十月中旬，这些大米就能进入苏州市场。从田里收割的稻谷，晒干后用机器去壳，再统一包装，最后将一袋袋村合作社生产的优质大米装车运往各个销售网点。

长巷村地处东渚西北面，全村总面积约2.5平方公里，耕地面积1290亩，是沿太湖地区相对的经济薄弱村。2016年，总投资达400万元，土地规划总面积213.63亩的苏州高新区首家专业合作农场在这里正式启动建设。

原有地块均为承包出租的鱼塘，该地块退渔还耕后，面貌焕然一新。由于这里原本是鱼塘，土地高低深浅很复杂，使机械化插秧难以运作。经水稻专家、区农发局和东渚领导多方论证，决定采取直播方式种植水稻。合作社目前有100多户村民参股。合作农场将与农业技术院校、部门合作，引进最先进的技术，并统一打造农产品品牌，对农产品进行分级分类销售。

为了保证大米的品质，村里决定全部种植优质水稻"南粳46"。这种米种植期较长，要5个多月，煮好的饭又

香又软，晶莹剔透。栽培技术上全都采用生物活性有机肥，具有营养全、肥效高、促进优质高产、保护生态环境、培肥改良土壤的特点。

新型合作农场给村级经济带来的改变是显著的。关于新型合作农场的今后发展，据透露，一方面发挥合作社作用，推动农副产品、园艺花卉的种植、销售，水产养殖、销售，推广农业技术以及投资发展生态乡村游；另一方面正在与某大学研究院探讨，下一步种植收益更佳的经济作物。

据介绍，合作农场将带动西部生态城旅游项目的开拓，长巷村的连片农田既是全村人的"米袋子"，也将成为城市的"生态农乐园"。长巷村带动黄区村为试点，发展以花卉苗木种植为主的现代观光农业，增加配套设施，发展田园乡村游。"米袋子"将变为"钱袋子"。

一边是太湖水波荡漾，一边是湖边稻浪起伏，一同随之心胸荡漾起伏的，一定还有从这里走过、看过、想过的你我。

六、马村遗梦

镇湖街道马山村，被誉为苏州西部最美湖滨小村。

我是在荷花盛开的时节走进马山村的。

酷暑刚刚过去，秋凉尚未前来，这时候是出行的好时节。好友项建华先生邀我太湖行，他东渚的好友张为民先生驾车接我们到马山村。

在之前的材料准备中，只知道一个关于马山的民间传说，这个也是小村村名的来历吧。原来，太湖边的马山有两座，二者之间隔着一口太湖，而且二者的形状，似乎有些彼此的呼应关联。这两座大小不一的山历来被叫作大马山、小马山。大马山在无锡市境内，小马山在镇湖境内，两座山都紧靠太湖边，山形似马匹，侧卧向太湖，隔湖相望。

传说将其描绘为一匹神马下凡，经过这美丽富饶的湖西地带，饮食了大量的水草，并诞生下一匹小马驹。因天时已晚，母马要带小马一起踏波前往对岸，但小马却卧身难起，望着那茫茫太湖，心生畏惧。那母马见小马不肯一起走，犹像再三后，丢下小马独自踏浪过湖而去。第二天，小马仍无法踏浪过湖，而已过湖的母马思子心切，也迟迟不忍独自远行，母子俩就此隔湖相望。后来这两匹马变成了两座山，就是如今的大小马山，均用它们的身体为两地百姓遮挡太湖风浪。两座山体均稍侧卧，远看小马山，似乎马头向着隔湖的大马山观望，一副跪下感恩吮乳的神态，楚楚动人。

有此灵性的小马山，小村的村名自然也就叫"马山村"。惜乎因1959年起的开采山石，小马山靠太湖边的大半个山头已变为平地，现已不再现小马山原貌，大自然留给游客的杰作被毁了，徒剩遗憾，只能靠想象来填补。在马山游客中心，我听到有游客问导游：马山在哪里？导游老乡指着土丘答："喏，这就是马山，早就被铲平了！"一时大家都无语。

塞翁失马焉知非福。如今的人们，终于明白了"绿水青山，就是金山银山"的道理，马山村的旅游业后来居上。

西部生态城，旅游资源十分丰富，苏州西部生态城旅游度假区已成为苏州旅游产业发展的又一新增长点，将把滨湖的西部生态城打造成苏州的"欢乐西部、魅力西部、动感西部、生态西部"。

我们三人此行的主要目的地就在马山游客中心一带。中心离太湖湿地公园不远。游客中心主建筑背靠马山，面朝太湖，依山傍水，枕湖而建，太湖中的大小贡山岛，也像观众一样仰着脖子朝中心望来。

　　游客中心的周边环境整合得非常优美，我尤其喜欢蜿蜒曲折的绕湖观光实木栈道，稳重厚实，人走在上面，隐约有弹性。我曾在外地有些湿地公园参观过，他们为了节省，用的是塑料的仿木栈道，足踏其上的感觉非常不爽；

马山游客中心

那种咯咯的声音，像老年人膝关节磨损的声音，让人心灵也空落落的。这似乎与家庭装修是一样的道理，那就是，许多地方可以节省，但门窗、地板和水龙头之类，经常要用到的，一定不能节省。这个细节上节省了，就会影响整体的效果，影响心情，似乎一副小家子气，尤显猥琐，愧对大好的自然景色。

马山村是镇湖半岛北的突出部，这一带湖岸线基本是平坦的生态湿地，优美的太湖风光加上沿岸丰富的原生态自然景观，使得这一带将成为游客理想的休闲观光胜地。镇湖半岛北侧有长约5公里的弧形湖湾，这里湖水清澈，风光秀美，是极佳的天然泳场，也是一年四季的观湖理想场地。我们身边的游人都吹着湖风，且行且拍，拍自然风光，也拍自己融合于自然的各自"尊容"。在栈道高处对着大小贡山拍照时，目光渐渐高抬，感觉自己与"一碧千山"的太湖融为一体了。

有自驾游的游客，还随车带着帐篷出来野餐，可是让这顿野餐大大升值了。就着无价的湖光荷香，这顿野餐味美无穷，在豪华高档酒店里断然吃不出这般滋味来。

我们吃的是不远处的农家菜，清蒸太湖白鱼，红烧老豆腐，红烧螺蛳，油焖茭白，三人在小店的门外小桌旁呈品字形摆开，就坦荡的湖风，听大大咧咧的蝉鸣，吱吱有声地咪开了黄酒。张为民先生是"地主"，又是开车的"书记"，他滴酒不碰，忙着给我们讲他的故乡东渚。项建华先生也只是象征性地举举酒杯。我听"地主"讲他夫人原是东渚中学"同桌的你"，讲他的亲家公、亲家母也是母校东渚中学的同学，而且他硕士毕业于浙大的公子仍是毕业于东渚中学；又听他讲他当年如何骑一辆组装的永久牌自行车，从上海一路颠簸回东渚，均生动有趣，哈哈不休。不知不觉，我将一瓶黄酒干了个底朝天。

一个饱嗝上来，自知"车速"已经远超微醺的警戒。于是，趁着他们意犹未尽去湖边拍照，我独自躲到车内，眯糊片刻，居然也能南柯一梦。醒来虽然神清气爽，但还是对着车窗外望着我笑的两位仁兄心生歉意，自觉一旁应该有一棵老槐树，且树下有一个蚂蚁洞，一群蚂蚁在屁颠屁颠地爬，爬……

七、沉浮之辨

在这里采访，常会遇到很多似是而非的传说。这些传说按理是站不住脚的，但大家都口口相传，一些方志也将其作为民间文化记载在案，我想来想去，有些可以毫不可惜地舍去，有些我还想再做一回"二传手"。这不仅是尊重当地的思想感情，其中也应该有一些值得探究和回味的东西。

这不忍舍去的传说中，第一个是关于"沉落三洋县、浮起无锡城"的传说。

话说很久以前，在镇湖半岛的峻嘴外面，还有一个"三洋县"，后来这个"三洋县"沉落了，相应地，湖对岸浮起了无锡城。

三洋县在沉落之前，当地百姓都过着富裕的日子。县内有座禹王庙，庙门前有一对大石狮子。故事就从这对大石狮子开始。如果是电影，这里要有一个配提示音乐的特写镜头。

这天，三洋县里来了母女二人，她们在路边一片肉店门前歇脚，那母亲对女儿说："等这里禹王庙门前的石狮子眼睛出血，这个三洋县就要沉落了。"这话被肉店里的屠夫听到了，心想，真有此事？他正想追过去问个明白，只一转眼的工夫，已不见了那母女二人的身影，屠夫怪异得直挠后脑勺。

自此以后，屠夫杀猪卖肉，每天路过禹王庙前，总要扭头看看石狮子的眼睛，可一连几天，都不见石狮子眼睛见红，几个月过去了，石狮子眼睛仍然没有出血。

终于有一天早晨，当该有事。屠夫看着石狮子眼睛里仍然没有出血，心想，石狮子眼睛怎么会出血呢？瞎蒙人的吧，看来我上了那女人的当。即便有血，又能怎么样呢？屠夫边想边恶作剧般顺手把自己手上的猪血往石狮子眼睛里一抹。不料这一下真闯大祸了，霎时天昏地暗，电闪雷鸣，只见西天一片白茫茫，不一会儿，狂风暴雨挟着滔滔洪水汹涌而来。那场景就像美国电影《后天》里的情景一样，三洋县里乱成一团，大家各自只顾逃命。

逃命的人群中，有个孝子背着双目失明的母亲，也拼命跟着人群向东面苏州城的方向奔逃。洪水咆哮着，激起丈许高的浪花，只管向东猛冲来，人群被冲得东倒西歪。瞎子母亲对儿子说："儿啊，你快把我放下来，我一个瞎眼老婆子淹死算了，你还年轻，你自己快点逃命去吧！"可孝子不肯，他舍不得丢下自己的瞎子老娘，大喊："要活一起活，要死一起死！"仍咬牙背着母亲奔逃。后来实在跑不动了，只得停下来，母子二人准备一同等死。这时，身后的大水倒也不再追他们母子了，而是向他们母子俩的身边擦肩而过，去追赶别的人。这一切把背着瞎子老娘的孝子惊得目瞪口呆。

据说这是海龙王看到世上竟有这样的孝子，不忍心追杀。

但三洋县还是就此沉落了，人们纷纷逃到了无锡。这就是"沉落三洋县、浮起无锡城"的传说。那孝子背母亲逃难停下来的地方，就是现在三洋村的峻嘴。三洋县就此沉没在了太湖底。

历代史书记载中从来没有一个三洋县，不知怎么在这里的传说中会多出一个三洋县来。莫非是说三洋村当时的规模可观，集市像县城？或者"三洋县"其实是"三洋陷（落）"而以讹传讹？这里陆地与水面的更迭原本极为正常，湖水水位下降，陆地出现；湖水水位上涨，陆地陷落。至于说"浮起无锡城"，也无非是跷跷板一样相对应的一沉一浮，人口分流到了无锡，加大了无锡城的规模，客观上也有壮大之意，就是"浮起"了。

故事中最有意思的，其实还是孝子与他的瞎眼老娘，诠释的是江山易改而人的禀性难移，亲情能抵御灾难，亦能感动神祇!

以上是将一个村说成一个县,接下来还有一个传说,更神乎其神,将一个村说成一个国了,要出天子明君的国,非常好玩。

话说西华(镇湖的古称)的西泾村(今西京村),明朝时曾名"雷堆山"。不知是哪天,大约是有高人看了这里的地形地貌,惊呼赞叹,说这地方恐怕要出皇帝,而西泾村将成为皇城——西京城。大家面面相觑,再细细打量脚下的土地,似乎真的很神,就一传十、十传百地传开了。

西泾的雷堆山的确像卧龙之岗,它坐落在后北山(村北)、东山(村东)、西山(村西,即马舍山)三座山脉相连的一块平阳之地上,南面面对太湖。

西泾港头南尾北,紧靠在西泾村东,其形如卧龙之体,朝南直奔太湖。港之左面分前后两条小河,一名"小芦沟",一名"下小河";港之右面亦有小横浜、小浜顶两条小河。这四条小河左右对称,形如卧龙之四足。港北有一段河道许家浜,稍向西弯,形如卧龙之尾。村前的两口瓦井,似卧龙之双目。港南端三角潭旁有一个转水墩,则是卧龙的一颗夜明珠。

据说西京皇城的城郭曾初步形成,东南处筑有前城门、后城门、游城头;东面筑起了东城门;东城里是宰相等中枢要员的官邸;村西南吉家湾是犯人行刑的地方;村西面是皇帝的御花园;村南有马场;村北、村西的东马、西马、马舍头，皆是饲养军马的地方。一旦卧龙出水，皇帝诞生，西泾就将成为皇城。

西泾要出皇帝的传闻，传到了当朝皇帝朱元璋的耳朵里，朱元璋听了十分震怒，并且十分焦虑。有个风水先生给朱元璋出主意，说西华之地的西泾的确有卧龙之岗的灵气，但陛下不必太在意，只要在那里建造一座宝塔镇住卧龙，不让它出水，西泾也就出不了皇帝。朱元璋认可这主意，派刘伯温下江南，在西泾造了一座万佛塔，宝塔镇住了卧龙的尾巴；另外还建造一个小庙镇住卧龙的身体；庙前的一堵照墙镇住了卧龙的脖颈；村前两口瓦井被填平，种植了两棵松树，损害了卧龙的双目；填平了三角水潭，封住了卧龙的夜明宝珠。

卧龙虽成，却被镇住，永远也出不了水，西泾也就出不了皇帝。不过，前城、后城、游城头、东城、东马、马舍头、吉家湾等却成为村名、地名流传了下来。

所以，这一带被叫作"西华"，可是有鼻子有眼，并非随便叫叫的，内涵深刻着呢。

其实，这个故事的硬伤非常多，单单说一座镇龙的万佛塔，其实就是一座宋塔，那时朱元璋还没有出世呢。故事经不起推敲。

但这个故事可玩味处不少，各人自己都能咂摸。联系我们本章的前贤导游陆绩，他的一枚橘子和一块石头，历来传颂时都是将二者割裂开的，说孝就说橘子，说廉就说石头，只有将二者打通了，"怀橘遗亲"是心中有人，"廉石镇船"同样是心中有人，这样一来，就远不是"看山是山，看水是水"了。人生天地间，人隐万物中，当然与天地水土有着必然的联系。想想宝塔镇龙的故事，倒是似乎品味出"镇"字的一二含义了。湖上的灾害要镇，人自身的诸多劣根性不是一样也需要镇吗？我们呼唤正能量，其实也是希望唤起正能量就相应地镇住了负能量，弘扬起心灵的善良，就自然镇住了邪恶……

　　江南小村游，健体开眼界，我们的导游陆绩知道了，也许会一手拿一枚橘子，一手抚一块石头，微笑颔首。

清嘉　篇

一、天厚姑苏

我是1989年12月到的苏州。记得一到苏州，我就向许多人打听过，苏州为什么又叫"姑苏"？譬如我谋职二十多年的《姑苏晚报》，为什么不叫"苏州晚报"？有人说用"姑苏"做报名更典雅。那么，典雅在何处呢？又没有人能回答我的问题了。

当然是求人不如求己，于是我翻书籍、查资料，但遗憾的是，得到的大多为似是而非的答案，根本不能解答我的问题。有时自己从字面上理解，多了一个"姑"字，似

乎与"姑姑"或"姑娘"有瓜葛？因为这座江南文化古
城，在我看来，的确有许多城市所没有的阴柔之美。有一
种以柔克刚的水性，像老子的《道德经》中所崇尚的水。
但这只是想当然而已。

　　前不久，问到我一到苏州就认识的文友柯继承先生，
柯先生是饱学之士，倒是比较圆满地解决了我的这个疑
问，高兴之下，我感觉自己不是相识恨晚，而是相问恨
晚。于兹转述给认识和不认识的朋友吧。

　　苏州是稻禾的故乡，这在前面一章中，我们谈得不少

了。典籍记载和考古发现，早在六七千年前的新石器时代，苏州一带就有了比较成熟的稻作生产。历代文献还证实，苏州的稻作生产，规模很大，大米除了供当地所需之外，很早就作为税粮和商品大量外运。

明代时，苏州作为"天下粮仓"的地位越显突出，洪武二十六年（1393），全国农田平均每亩征收税粮为3.46升，而苏州府农田每亩征收的税粮却高达28.53升，苏州实征税粮274.699万石（主要为稻谷，麦只占2%左右），竟占全国税粮总数的11%，多过当时四川、广东、广西、云南四省税粮的总和，后来税粮越征越高，以至唐寅在《姑苏杂咏》中感叹道："四百万粮充岁办，供输何处似吴民。"

既盛产鱼虾，又为"天下粮仓"，苏州是名副其实的"鱼米之乡"。于是，人们把"苏州"的"苏（蘇）"字与鱼及禾稻联系起来，把"苏（蘇）"字析成草字头、鱼、禾三部分，会意成"水草丰美、鱼米之乡"。这种拆字不仅自发明之日起广为流传，而且历来为苏州人津津乐道。按传统"六书"，"苏州"的"苏（蘇）"字，被认为是形声字，从"艸"，"稣"声，即它是一种植物，故用草字头，音读作"稣"。打开所有字典，都指出"苏"的本义是一种植物——一年生草本"紫苏"，《尔雅·释草》云："苏，桂荏"，这是一种有特殊香味，在古代被称作"荏"的草类，也是汉代枚乘在他的名篇《七发》中所说的"秋黄之苏，白露之茹"的"苏"。古代又称柴草为"苏"，《方言》卷三："苏、芥，草也。江、淮、南楚之间曰苏，自关而西或曰草，或曰芥。"后来，"苏"的引申义又有了割草（樵苏），更生、缓解（苏息），醒悟、下垂饰物（流苏），满、惧、朝向（音"溯"），酥等意思。然而，所有这些包括其他与"苏"组成的词汇，都没有盛产鱼米或鱼米之乡的意蕴在内。也就是说，早先"苏"字从来没有被会意或转注为"鱼米"的。

那么，当初首先将吴地这个都市称作"苏州"，又是什么意思呢？

历史上，第一次用"苏州"称名的，是在隋朝。隋朝在灭了南陈后，于开皇九年（589），将这块被南陈称作"吴州"的地方改称"苏州"。为什么改名"苏州"呢？原来城西面有座"姑苏山"很出名（"姑苏"两字，"姑"是当地土语发声词，无义，"苏"才是它的真名），故取名"苏州"。如同国号"勾吴"一样，"勾"是当地土语发声词，无义，"吴"才是国名。其实"姑苏"原来应是称作"姑胥"的，也即"苏"原来应写作"胥"，"胥"指的也不是开建苏州这个阖闾大城的伍子胥，而是早先佐助大禹治水有功的将军（部落首领），他的名字叫作胥，"姑苏"原名"姑胥"，就是为了纪念"胥"的（汉王符《潜夫论》："盖胥者，佐禹治水有功，封于吴者也"）。"胥"与"苏"两字吴语音近，"胥"转音为"苏"，"姑胥"也就转音为"姑苏"了。《国语》《史记》就把"姑胥"称作"姑苏"。

在吴地口语中，"苏"字与"胥"字读音确实非常接近。我们还发现：即使在通行的平水韵中，"胥"属"六鱼"，与鱼、梳、蔬、书、舒等均在"鱼"韵中，而

"苏"属"七虞"，与虞、须、吴、乌等均在"虞"韵中。两字确实读音相近，取用"苏"字，只是取了与原来的"胥"字相近音或只是"胥"字转音而已，是取用当地地名发音，借用老地名而已，根本没有什么微言大义，更与"盛产鱼禾"风马牛不相及。后人对"苏"字所谓"盛产鱼禾，鱼米之乡"的析义，是一种附会，或者说是一种误会，纯属巧合。

但正是苏州这块地方，天时、地利、人和（天时——四季分明，气候宜人；地利——太湖流域，土壤肥沃；人和——吴民的勤劳、机灵、包容、开拓），决定了它必然成为鱼米之乡，而这个附会就是天注定了。

有趣的是，对"苏"字的这种并不符合"六书"的解释，不是近现代人的发明，而是"古已有之"。卢熊《苏州府志·卷第四十六·辩证》一节中写道："姑胥台，台因山名，合作胥。今作苏者，盖吴音声重，凡胥、须字皆转而为苏，故后人直曰姑苏。隋平陈，乃承其讹，改苏州，或者谓胥与输音相近，兵家不取，或又谓吴中鱼禾所自出，苏（蘇）字兼之，故曰苏（蘇），亦无据。以《吴越春秋》《越绝书》二书考之，一作姑胥，一作姑苏，则胥苏二字，其来远矣。"卢熊系元末明初人，所著的《苏州府志》刊于明初洪武年间。他对"苏（蘇）"字析为"鱼禾"并不赞同，但还是把它记载下来，这说明，至迟到元末明初，通过解析"苏（蘇）"字来附会苏州是"鱼米之乡"的说法，已经很流行了。六百多年来，此类说法不仅没有式微，反而越演越烈，许多人更是深信不疑，或认为是天意，这也从另一方面说明，苏州被看作"鱼米之乡"，绝对是由来已久，且举世公认。

所谓在苏州生活的人，或者说来苏的旅游者，都是应该掌握这个文化背景吧？了解苏州厚实的"家境"。

二、太湖精怪

按体例，又到我们选导游之时了。这回，我们再选一个本土前贤，他的名字叫张旭。

公元九世纪三十年代，唐代的第十五位皇帝文宗李昂向全国发出了一道罕见的诏书：李白的诗歌、张旭的草书、裴旻的剑舞为"天下三绝"。

我不知道一个皇帝突然发这么一道诏书的用意是什么。是宣扬大唐盛世人才济济，是号召天下人都应该身怀绝技或有一技之长，还是树立这么三个典型，让天下的小文人们来歌颂？不得而知。也许兼而有之，也许都没有。但至少有一点可以肯定，这个皇帝颇识才爱才。

后代的历史学家，给这个在位十五年的皇帝的定位，是"有帝王之道，无帝王之才"。唐代到他这个时期，就开始衰败下去了，就像一个空中的篮球，过了制高点，在向篮筐中飞，没法拦截。他曾懊叹自己不如汉献帝，因暗弱而活得累。这也合乎情理，一个无才的皇帝却格外爱才，正好印证了民间所说的"缺啥补啥"，越缺什么越推举什么。

不说皇帝了，说说我们的导游大书法家张旭吧。张旭生长在吴门，工作在吴门，才艺添加在吴门，展示也在吴门。他做过有实际意义的官，是常熟的县尉，相当于现在的县公安局长。常熟历代后人都忘不了张旭，一千多年后的今天，城内东门方塔附近还保留着一条"醉尉街"的街名，非常传神。张旭爱酒，喝醉了笔下出绝活。据说，原先城内还建有"草圣祠"，祠内有一副颇具才情的楹联：书道入神明，落纸云烟，今古竞传八法；酒狂称草圣，满堂风雨，岁时宜奠三杯。表达了后人对这位大书法家的深深崇敬。城内张旭洗笔砚的池塘被称为"洗砚池"，曾被长期保留，"文革"期间被毁，现在又恢复了。喜爱书法的人到此一游，隐隐还能闻到唐代的墨香，在心理的作用下，当属实情。所以，文风不灭，代有传承，常熟也历代不乏书法家，尤其草书，譬如当今草书名家言恭达，就是常熟人。

网上有传，苏州将兴建唐代张旭草圣祠，地址位于唐寅园西侧，全部采用古建筑材料，将草圣祠建成类似浙江绍兴兰亭的建筑，陈列展示张旭书法艺术成就，并成为国内外文人雅士笔会场所。到2018年，我在苏州已经工作29年，长期跑文化新闻，倒是不知此事。想一想，也许是民间在酝酿这个工程吧？我相信这个草圣祠是迟早会建成的，"捧着金饭碗讨饭吃"的现象各地都有，但张旭这个金饭碗的含金量太足，碗太大，不必担心。

张县尉后来被提拔了一下，官至金吾长史，人称"张长史"，其实接近退居二线，应该实权不大，是个幕僚的角色，级别大约是个处级或至多相当于现在的副厅级吧。说这个的意义不大，时空中的官多不胜数，而张旭却只有一个，久久辉映着历史的苍穹，光耀吴门，光耀太湖。

张旭擅长草书，原因诸多，其中有一条，与太湖有关。

中国的文字发展不断演变，由简到繁，又由繁到简，但这个"旭"字，从一开始出现，就是这个样子，天生丽质，不需要变繁也不必变简，一步到位，用不着到邻国去隆鼻或拉双眼皮。也如张旭本人写的毛笔字，落笔是什么样子就是什么样子，有枯润笔锋那是恰到好处，妙笔天成，如果去修补几笔，那可是要命的画蛇添足。

我长久地盯着这个"旭"字看，看的时间长了，稍一恍惚，就感觉是一个人，站在初升的太阳边；再一恍惚，是那写狂草的书法家，高一脚低一脚地站在太湖边，重心不稳地在太湖中捕捞。捕捞什么？捕捞早晨那轮鲜活如溏心蛋的日头。我估计我这个感觉会得到呼应，一定会有朋友点赞，说有味，那是张旭在太湖中舀一桶酒来喝啊。喝得大醉了，就狂草他的书法，他的壁书和屏书。

酒水难分，酒水墨也难分，太湖水的灵动，孕育了张

国画　草圣张旭

旭才情勃发的狂草，让中国书法走到他的时代，为之一变，让传说中造字的仓颉也为之一醉，让中国书法以及相通的艺术都跟随着微醺一把！原来中国文字从甲骨文、金文、篆书、隶书、楷书、行书、草书还能变成狂草，让自己的喜怒哀乐，让自己的奇思妙想都通过这浓淡缓急的笔墨线条奔放出来，强烈的个性色彩，强烈的感情色彩，感染感动自己，也感染感动他人，这才是艺术！

张旭为人洒脱不羁，豁达大度，才华横溢，学识渊博，与同时代的李白、贺知章相友善，杜甫将他三人列入"饮中八仙"。他常喝酒喝得大醉，然后呼叫狂走，落笔成书，甚至以头发蘸墨书写，故又有"张颠"的雅称。后来的怀素继承和发展了其笔法，也以草书得名，二人并称"颠张醉素"。

但张旭不是生来就写草书的。他的母亲为唐代书法家陆柬之的侄女，即虞世南的外孙女。陆氏世代以书传业，有称于史，所以，他的遗传基因里就有艺术的秉承，从小得到指教。他的书法得之于"二王"而又能独创新意。他的楷书端正谨严，规矩至极，现在也多能看到。宋代书法大家黄山谷誉之为"唐人正书无能出其右者"，可见他的楷书功力之深厚。楷书是继承多于创造，而他的草书则是书法史上伟大的创新与发展，打破了魏晋时期拘谨的草书风格，把草书在原有的基础结构上，将上下两字的笔画紧密相连，所谓"连绵环绕"，有时两个字看起来像一个字，有时一个字看起来却像两个字。在章法安排上，疏密悬殊很大；在书写上，也一反魏晋"匆匆不及草书"的四平八稳的传统书写速度，而采取了奔放、写意的抒情形式。

高适是唐代的著名边塞诗人，写下了很多不朽的边塞诗，却也写有一首赞张旭的诗，诗云："世上漫相识，此翁殊不然。兴来书自圣，醉后语尤颠。白发老闲事，青云在目前。床前一壶酒，能更几回眠。"这首诗写出了张旭仙风道骨、酒酣胸胆尚开张的神态。从这首诗也可看出这个曾写有"千里黄云白日曛，北风吹雁雪纷纷。莫愁前路无知己，天下谁人不识君。"等雄壮诗句的诗人，是如何看吴门一个书法家的。

在他的眼里，这个写狂草的吴门书家笔下，一定也有"千里黄云"和"北风吹雁"，一定也是天下不乏识君之人的。

唐宋八大家之韩愈，就在文中赞叹张旭："喜怒、窘穷、忧悲、愉佚、怨恨、思慕、酣醉、无聊、不平，有动于心，必于草书焉发之。观于物，见山水崖谷、鸟兽虫鱼、草木之花实、日月列星、风雨水火、雷霆霹雳、歌舞战斗、天地事物之变，可喜可愕，一寓于书，故旭之书，变动犹鬼神，不可端倪，以此终其身而名后世。"这是一位真正的艺术家对另一位真正的艺术家的理解和描摹，透出的是惺惺相惜的由衷赞赏。

想必吴门的母亲湖太湖听了，会在旭日初升的早晨，露出一个莞尔的笑窝吧。

一个划时代意义的大艺术家，必然会在其同时代或后代的艺术家心湖中投下层层涟漪，给人以启迪。所以，后世赞叹他的文人墨客很多。

诗圣杜甫，存留的作品中写到张旭的至少有四首。尤其是张旭去世后，杜甫入蜀，见张旭的遗墨，万分伤感，写了一首《殿中杨监见示张旭草书图》，诗云：

斯人已云亡，草圣秘难得。

及兹烦见示，满目一凄恻。

悲风生微绡，万里起古色。

锵锵鸣玉动，落落群松直。

连山蟠其间，溟涨与笔力。

有练实先书，临池真尽墨。

俊拔为之主，暮年思转极。

未知张王后，谁并百代则。

呜呼东吴精，逸气感清识。

杨公拂箧笥，舒卷忘寝食。

念昔挥毫端，不独观酒德。

这首五言古风写得极有感情。诗中还出现了一个"东吴精"词，当然是称赞草圣笔墨出神入化。如今人亡字在，怎不痛断肝肠？

这又不觉让人想起张旭的代表作之一《肚痛帖》，内容只有三十个字："忽肚痛不可堪，不知是冷热所致，欲服大黄汤，冷热俱有益。如何为计，非临床。"从这样的内容来看，此帖很可能是张旭某次肚痛时写的。其用笔一开始还比较规范，但是越到后来越狂放（也许是肚子痛得忍

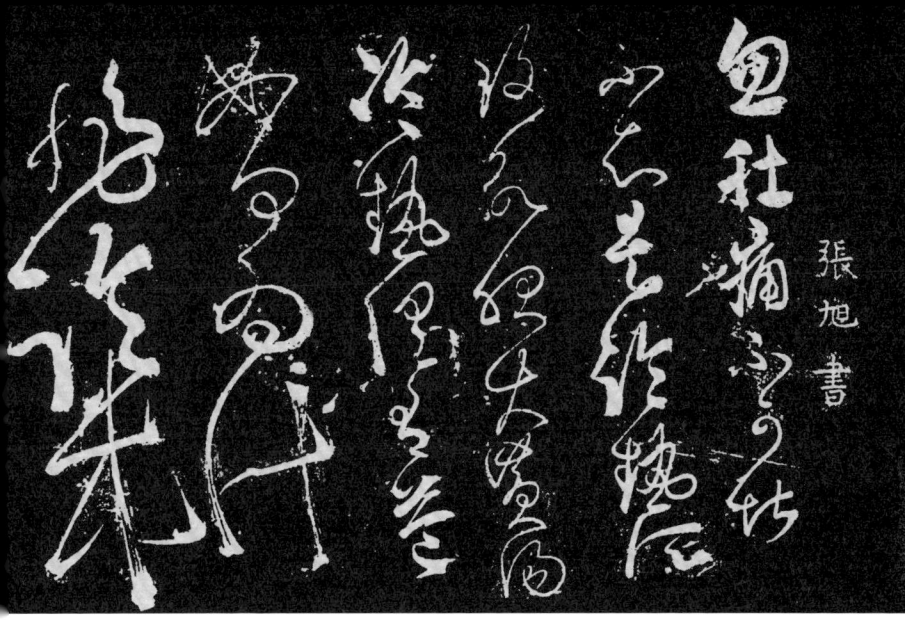

張旭 書

《肚痛帖》

不住了），完全超出了一般书法的常规，可谓惊世骇俗，字中有痛感。明代文坛领袖王世贞跋云："张长史《肚痛帖》及《千字文》数行，出鬼入神，惝恍不可测。"

张旭除了师承前人，还有一个特点，是从自然万物中参悟，譬如看公孙大娘舞剑得到启发，还有见不同文化背景的人走路步态，也能领悟艺术的审美。今人北京大学教授、引碑入草开创者李志敏评价："张旭由'孤蓬自振、惊沙坐飞'中悟得奇怪之态，又从公孙大娘舞剑中悟得低昂回翔之状。他正是以造化为师，墨池功深，才成为狂草大师。"

但客观地说，评价摹写张旭最到位的，还是唐代诗人李颀写的《赠张旭》——

张公性嗜酒，豁达无所营。

皓首穷草隶，时称太湖精。

露顶据胡床，长叫三五声。

兴来洒素壁，挥笔如流星。

下舍风萧条，寒草满户庭。

问家何所有？生事如浮萍。

左手持蟹螯，右手执丹经。

瞪目视霄汉，不知醉与醒。

诸宾且方坐，旭日临东城。

荷叶裹江鱼，白瓯贮香粳。

微禄心不屑，放神于八纮。

时人不识者，即是安期生。

内容明白如话，诗中展示的是张旭的可爱形态，仿佛今人手机中常用的短视频，画面感极强。其中最为吸引眼球的，是诗中"太湖精"一词。这个词较之杜甫的"东吴精"更好，更能准确地传情达意，写到了这个精怪是吸纳了太湖烟云，出没烟波浩渺，非常传神。太湖精太湖精，依凭太湖而成精，不论是妖精还是什么精怪，在这里都是褒义词，都是极力称道他笔蘸太湖，兴风作浪，将艺术史上从未见过的奇景在笔墨之间幻化了出来，笔走龙蛇，金蛇狂舞。

这也就难怪那个"有帝王之道，无帝王之才"的皇帝唐文宗要发布罕见的诏书了。大唐走到他这一代，已经开始没落，但在这个"太湖精"的笔墨间，张扬的正是大唐气韵。他必须要如其名的"旭"字，在太湖边酤酒喝。没有巨大的吞吐，没有广博的畅游，难以形成如此强大的气场。这个"太湖精"，让大唐回光返照！

唐代还有一个很有名的书法家，叫颜真卿，他也自成一家创立了"颜体"，与柳公权的"柳体"并立，书坛称"颜筋柳骨"，就是形容他的字肌肤丰盈，胖胖如同杨贵妃。外行似乎也能看出来，颜真卿的字与张旭有几分神似，这就对了，颜真卿为了书法曾两度辞官拜张旭为师。

再说一个现代的例子。西北作家贾平凹，小说极好，散文更好，书法也独具个性，可惜的是从来不写草书。有人说，这正是贾氏的聪明之处，他生活在八百里秦川的商州，满目是缺水的黄土高原，他笔下的字最好就是以古拙见长，像出土的秦汉陶罐。就像拿蘸水的拖把拖地，在光滑的大理石或打蜡的地板上可拖，在黄土地上就没法拖了，一拖，就拖成了一黄泥大疙瘩，拖不动了。不妨想想看，如果现今太湖边还有一个张旭，悟性极高的贾平凹，会否成为颜真卿第二也未可知呢。

张旭是太湖的骄傲与荣耀，也是中华民族的骄傲与荣耀。

三、银白太湖

曾有人问我，作为外来客居者，或者说苏州人客气的称呼法——"新苏州人"，能否简单明了地说说对苏州人的看法？这个问题貌似轻松，实则让人挠头，不大好回答。弄得不好，不是显得自己刻薄，就是自己刻意逢迎。但我还是愿意如实道出自己的真实感受。

我觉得，正宗土著的苏州人大都比较自恋。

清朝嘉道年间，苏州吴县人顾禄撰写有一本《清嘉录》（又名《吴门风土记》），是记述苏州地方节日及民俗的一本比较经典的书。该书以月为序，以节令民谚为题，叙述苏州地方风土人情，记录了清代苏州的节日习俗、饮食习俗、禁忌习俗、民间工艺，等等，这些习俗体现的是苏州当时的文化传统。在这本书的记述中，从正月的"打春""拜年""飞帖""放烟火""闹元宵""灯节"到三月的"过节""放断鹞"，从五月的"端午""划龙船"到九月的重阳"登高"，再到冬月的"拜冬"以及腊月的"守岁"等节日及其相关活动一路走来，不厌其烦，如数家珍。顾禄在书中所记录的饮食习俗，比较真实地反映了有关饮食文化的相关知识和文化心理。书中着重叙述特色饮食点心，对它们的称谓来历、制作方法及民间喜爱程度，都做了详尽的交代。如卷一"春饼、圆子油堆"条目内，对春饼的颜色、形状所做的描述为："匀平霜雪白，熨贴火炉红。薄本裁圆月，揉还卷细筒"，立春日吃春饼，被称作"咬春"。圆子油堆的做法及用途介绍为："米粉为丸，曰圆子。用粉下酵裹馅，制如饼式，油煎，曰油堆，为居民祀神、享先节物。"在卷三"青团、煨熟藕"条目内，记述为"市上卖青团、煨熟藕，为后人清明祀先之品"。这位顾先生又按引卢熊《苏州府志》："寒食祭先，以稠饧、冷粉团。"并引吕希哲《岁时杂记》谓："两浙民俗语，以养火蚕，故于此日禁火。"今俗用青团、红藕，皆可冷食，犹循禁火遗风。这些都说明江南地区在清明流行寒食习俗，至清代，已是"青团，乡人捣爵麦汁搜粉为之"。至今，江南地区又改用麦苗叶取汁，经石灰点化澄清后调糯米粉蒸成团子，再放入豆粉等馅心。青团子色清而味香，是清明期间苏州人常备的食品。

这本书是苏州人比较津津乐道的，"清嘉"二字，意为美好，苏州人自己用，有点"内举不避亲"。宋代柳永在《望海潮》词中有云："重湖叠巘清嘉，有三秋桂子，十里荷花。"《清嘉录》初刊于道光十年（1830）。据称，日本人也出版过该书，称顾禄为才子。对苏州饮食文化比较关注的人士，我推荐其看看这本书，这本书比较系统和权威。现在苏州很多爱写爱谈美食的人，也无不将该书视为宝典。

我说的"自恋"，主要的意思还是自信，文化自信。这无疑是褒义。一方文化如果缺失了自信，可能就比较麻烦。

苏州人有注重饮食、弘扬饮食文化的传统，苏州作家陆文夫还写出了经典小说《美食家》。在他之前，好像没怎么见"美食家"这个说法，他在小说的开头也给"美食家"做了通俗的注释，即"好吃的人"。民间的说法是，好吃懒做。到了苏州人眼里，好吃非但可以不懒做，甚至还能助其立业，成名成家，这也说明苏州人真有本事。厉害了，值得佩服。

正因为如此，章太炎的夫人汤国梨，寄居吴中时，曾留下"不是阳澄湖蟹好，人生何必住苏州"的名言。总不能说章夫人好吃吧？她可是近代女子先驱、诗词家、书法家，博学多才，其志自坚，有"旷代清才，直与贺、柳并辔"之美誉。中央电视台《舌尖上的中国》，多次推出苏州的美食，引得海内外的诸多饕餮之徒对苏州像蜥蜴一样，不停地探出红红的舌尖或说信子，蛮好玩的。

作为在苏州客居多年之人，我其实是有些浪费资源了，一直对吃喝兴趣不大。我有些不理解，苏州人对一碗面何必要搞出那么多讲究来，譬如"宽汤""头汤""清汤""重青""重浇""过桥"……到苏州的第29年，我于今春才知道，所谓"过桥"不是将油条像桥一样架在面碗口，别掉到汤里湿了、软了，而是将菜浇头之类用另外的盘子盛放，不浸于面中，分开来享用。我对于吃喝，有点像张旭狂草，喜欢简单快速解决战斗，有点痛快淋漓最好，不喜正襟危坐，假痴假呆。

所以，写这本小书，我一开始就讲，不要只是对一些方志的抄抄摘摘。要看这方面的书，苏州太多了。再说，擅长这方面的人才也多，轮不到我。

但介绍到苏州风物的清嘉，还是要给读者一些货真价实的东西。到了苏州高新区的西部，起码要知道"太湖三白"吧？起码要知道"三白"满湖有，此地质最优吧？起码要知道"太湖蟹"与"阳澄湖蟹"之鲜美在伯仲之间吧？

苏州高新区的种植和养殖业非常发达，历史悠久，项目齐全，物美价廉。种植业以水稻、三麦、油菜、蔬菜为主。唐代之前就有种植莲藕的记载，种植茭白在明代有文章描述。经济作物众多，其中茶叶、杨梅最为著名，通安镇树山村自晋朝栽培至今的云泉茶、镇湖街道种植于大贡山的贡山茶均闻名遐迩。通安镇树山村种植杨梅已有400多年历史，曾列为贡品，其中白杨梅为罕见珍品。养殖业亦十分发达，畜产品中东渚的白脚爪苗猪闻名于太湖周边地区；水产品中银鱼、梅鲚鱼、白虾称"太湖三宝"，太湖清水蟹也与阳澄湖大闸蟹齐名。

无怪乎我在翻览太湖资料时，有一则传说让我哑然

失笑。说是在很久以前的某天，王母娘娘要做寿了，玉皇大帝叫四大金刚抬去了一份厚礼。王母娘娘看见这份厚礼后，乐得笑面如花。原来，这玉皇大帝送去的不是一般的寿礼，而是一个大银盆，盆里有72块特大的翡翠，还有千姿百态的各色珠宝、玉雕的飞禽走兽，分明就是一个聚宝盆。各路神仙见了都啧啧赞叹。偏偏碰上大闹天宫的孙悟空不解风情，手挥金箍棒，见啥砸啥，看见玉帝老儿送的这么一只大银盆，也是不问轻重一棒砸去，银盆便从天上落了下来，跌到地上砸了个大洞，银盆银光闪闪，化作白花花的水，就此形成了三万六千顷的湖。这湖是从天上掉下来的，"天"字上面的一横被孙猴子打得掉了下来，落在下面成为一点，也就是"太"字，所以此湖就叫"太湖"。72块翡翠就成了72座山峰，分布在太湖中间。因为盆全身皆为银质，连湖中的鱼也与别处湖的鱼有异，通体银色，这就是"太湖三白"：白鱼、白虾和银鱼。

传说自然是后人带着美好的愿望杜撰的，倒也能自圆其说。

另外，"水八仙"是苏南、浙北地区的传统食物，又称"水八鲜"，包括茭白、莲藕、水芹、芡实（鸡头米）、慈姑、荸荠、莼菜、菱角八种水生植物的可食部分。"水八仙"大多在秋天上市，这样一来，又带出一个"莼鲈之思"的典故。吴人张翰，远古的美食家，使得太湖美食源远流长。

天平山范仲淹纪念馆

四、智慧捕捞

苏州名相范仲淹有一首五绝："江上往来人，但爱鲈鱼美。君看一叶舟，出没风波里。"诗中的"江上"，应该是指当时的吴淞江，就是现在的吴江，这里的四鳃鲈鱼，非常有名，如"莼鲈之思"，字面上讲就是莼菜和鲈鱼。吴江也叫鲈乡，现在还这样叫。当时凡往来于吴淞江水路的游人，没有不喜欢这一特产的，无不希望一尝这鲈鱼的美味。范仲淹生长在这里，对这一情况当然知之甚深。但他发之于诗，却没有把注意力仅仅停留在对鲈鱼这一美味的品尝和赞叹上，而是注意到了另外一些更值得注意的东西，注意到了隐藏在这一特产背后的渔民的痛苦和艰险，并且深表同情。这首诗与李绅的《悯农诗》主题很接近，《悯农诗》是哀怜农民的艰辛，这里是感叹渔民的不易。

但水产捕捞也是不无快意和诗意的，喜欢钓鱼的人们对此最为清楚，钓鱼之乐，远胜吃鱼之乐。

中华人民共和国成立前，境内通安、东渚、镇湖等地渔民大都集中于太湖进行自然水产品捕捞。渔民以船为家，用纯手工方式捕捞，主要有牵甲戈、张钩、张杠网、张网笼、做鱼窝、稠螺蛳、稠蚬子、扒蚌等。

二十世纪五十年代，境内成立渔业指导站，指导渔民

范仲淹　一世之师

走合作化道路，零星捕捞的渔民纷纷参加渔民协会。实行渔民陆上定居，结束以船为家、漂泊不定的生活。

捕鱼的高峰期，是鱼类产卵栖息、觅食洄游形成渔场的时期，叫鱼汛期，是捕鱼的最旺季。

各种鱼有各自不同的鱼汛期。

鳜鱼汛在每年的4月下旬至5月底。打鱼人用茭草扎成草把，浮在水面，诱鱼来产卵，随后静悄悄地划船靠近，用捞网抄人家产卵时的老窝，即可捕获（占全年鱼捕获量的70%～80%），称"抄鱼"。

银鱼汛在每年的5月下旬至6月中旬。银鱼群体多而集中，半月捕鱼量占全年银鱼产量的60%～70%。6月保护太湖梅鲚鱼产卵，禁捕。小型湖荡银鱼可捕至秋季。

青虾汛在每年的7月至8月间。幼虾个体长大开始性成熟，渔民用松枝扎成球状沉入深水，诱青虾产卵栖息，用网抄虾，称"抄虾浮"。全年捕捞，可用虾笼、虾簖等渔具。

白鱼汛在每年的7月中旬至8月中旬。若遇气温升高或小风天气，在水流缓慢的河滩和河口，白鱼大批聚集产卵，称"白鱼阵"。捕获量很高，冬季拖网或簖上捕获量也很大。终年可捕捞。

梅鲚鱼汛在每年的8月至10月。梅鲚鱼春季产卵后，经过夏季的生长，至初秋长至5～7厘米，群体多，产量高。8

月至9月，梅鲚鱼的捕获量占全年的70%，11月起，鱼群分散，产量下降。

白虾汛在每年的8月至10月。白虾春季产卵后已长到起捕规格，群体多，产量高。大船用拖网和梅鲚鱼一起捕，小船7月至8月用松枝扎成把浮在水面，诱虾栖息，用网抄获，俗称"抄白虾"。

青鱼、草鱼、鲤鱼、鲫鱼、鲢鱼、鳙鱼、鳊鱼等汛期在冬季。人工放流的鱼种和自繁的鱼类，经过半年后已长大，群体多，形成鱼汛，秋季即可捕捞，产量不及冬季高。

再说说渔具和渔法。

唐咸通年间，诗人陆龟蒙和皮日休各作《渔具诗》，记述吴地的渔具、渔法。明代渔民用虾拖网作业，驯养水鸟（亦称鸬鹚，俗称"水老鸦"）捕鱼。清代把"布兜网"的网身加深，设置倒袋，即现今的小兜网。

网渔具是捕捞的主要工具。拖网类：小兜网、罟网、闸虾网、虾拖网、银鱼网；围网类：背网、踏网；刺网类：小丝网、三层刺网；抄网类：抄虾网、稠虾网、杠网、撒网。网渔具都是一网多用，网目逐年编小，渔获物量上升。

渔法中的小兜网捕法，为太湖特有，主捕梅鲚鱼、白虾和银鱼，大中型渔船都可使用。从8月始可捕至翌年1

月。小兜网操作简便，安全可靠，有"太平网""全家福""孝子网"之称。作业时网上浮水面，下沉湖底拖面大，日捕量1000公斤以上。

虾拖网捕法，湖边、湖中均可作业。网型低，拖速慢，捕捞湖底小鱼和虾效果好；排网操作复杂，网上取鱼劳动强度大。主捕梅鲚鱼和白虾，日捕量300～500公斤。

银鱼网捕法，用网布裁剪缝制，双翼双囊，网型大，网眼密，双船拖曳，拖速慢，俗称"裤袋网"，作业时上浮水面，下沉湖底。主捕银鱼和梅鲚鱼，白虾少量，日捕量100公斤。

罟网捕法，罟网又称"百袋网"，俗称"猪奶子网"。清末在小湖荡内捕捞，逐渐发展到大湖泊中捕捞。每条网有80～120个小网袋，每对船拖曳8～10条网，下系铁沉子，着水底拖行，行速很慢。以捕鲤鱼、鲫鱼、花鱼为主。作业时间从11月到翌年春天。汛产1500公斤左右。

丝网捕法，丝网有小丝网和三层刺网，用蚕丝编结，故称"丝网"，再用尼龙胶丝编结，每船30～50条网，连成长带状浮在水面，随风漂流截鱼道，鱼触网被缠即捕获。小丝网可常年作业。以捕鲢鱼、鳙鱼、白鱼、红鱼为主，捕获量高。

钓鱼具有空钓、饵钓两类。空钓不上饵，靠锋利的铁钩钩鱼，有大钩，俗称滚钩。依渔法分浮钩、沉钩、拖钩，专捕大型鱼类，每船日捕10～15公斤。饵钓类统称小钓，以各种饵料诱鱼上钩。

　　箔筌渔具有簖、笼篮两类。簖又称"迷魂阵"，按材质可分网簖、竹簖、芦柴簖。原以竹簖为主，二十世纪七十年代后由网簖代替，网簖由樯网、身网和囊网组成，长300～1000米，设置在鱼类洄游道上，拦截鱼儿入簖而捕获。获鱼种类多，鲢鱼、鳙鱼、鲤鱼、鳗鲡、河蟹都有。成活率、捕获量都高，管理方便，常年作业。交叉因杀伤鱼类资源严重，现已限制发展。笼篮类分为虾笼和鳝笼两种。用竹篾或塑料编成"人"字形有逆须的圆笼，内装糟糠、蚯蚓等饵料，利用青虾、黄鳝贪食喜阴的习性，诱入捕获。虾笼放在湖边、草丛、河水滩，白天作业。鳝笼利用黄鳝昼伏夜出的习性，傍晚放入有水的稻田或水沟内，第二天清晨，笼里就有贪吃的笨黄鳝，进得了笼，出不来笼，乖乖被擒。

五、另类蓬勃

受太湖小气候调节，这里湿润温暖，水源充足，为动植物的生存、繁殖提供了优越的条件。因此，境内植物种类繁多，琳琅满目。

野生类树种：榆树、朴树、冬青、榉树、柘树、楝树、刺柏、乌柏、枫杨、杨树、榕树、香椿、梧桐、槐树、合欢、三角枫、枸杞、小叶女贞等。

树木类：黑松、马尾松、五针松、雪松、罗汉松、柳杉、水杉、龙柏、偏柏、刺柏、香樟、杨树、柳树、榉树、楝树、槐树、桑树、桃树、铁树、黄杨、冬青、泡桐、梧桐、棕榈、茶树、橘树、枇杷、杏树、银杏、香椿、女贞等。

藤本植物：金银花、葛藤、紫藤、爬山虎、野毛豆等。

草本植物：夏枯草、野枯草、青蒿、艾蒿、野菊、益母草、避阴草、紫花地丁、野胡萝卜、半边莲、蒲公英、车前草、天门冬、麦冬、马齿苋、稗草、水花生、水浮莲、水葫芦、绿萍、鸭舌草、水草、野菱、虎儿草、牛蒡、牛膝、白茅、枸牙根、芦苇、葛芒、黄梅草、喇叭花、凤仙花、鸡冠花、马鞭草、风轮草、宝盖草、野芝麻、薄荷、一串红、耳挖草、通泉草、节节草、筋骨草、野草莓、刺茄、马铃薯、金鱼草等。

花卉类：玉兰、广玉兰、腊梅、含笑、金桂、银桂、丁香、樱花、山茶花、君子兰、石竹、寿星桃、紫荆、杜鹃、月季、玫瑰、迎春、茉莉、白兰、珠兰、海棠、凤仙、鸡冠、万年、芭蕉、美人蕉、蝴蝶花、菊花、兰花、水仙、芙蓉、荷花、紫薇、石榴、夹竹桃等。

瓜果类：西瓜、香瓜、甜瓜、黄瓜、田鸡瓜、桃、杏、李、柿、枣、枇杷、柑橘、黄桃、金橘、石榴、银杏、葡萄等。其中黄桃非常有名，个大、色灿、甜脆，在苏州城里非常爱欢迎。

粮油类：粳稻、糯稻、籼稻、小麦、元麦、大麦、玉米、甘薯、大豆、赤豆、绿豆、蚕豆、豌豆、油菜、芝麻、向日葵、蓖麻、花生等。

蔬菜类：青菜、白菜、菠菜、香菜、蕹菜、苋菜、茼蒿、韭菜、芥菜、雪里蕻、辣椒、毛豆、扁豆、豌豆苗、长豇豆、四季豆、黄豆芽、绿豆芽、荠菜、紫角叶、马兰头、枸杞、冬瓜、南瓜、丝瓜、笋瓜、黄瓜、菜瓜、扁蒲、平菇、蘑菇、慈姑、红萝卜、白萝卜、水芹、药芹、生菜、金针菇、刀豆、莲藕、茭白、葱、大蒜、洋葱、莴苣、番茄、茄子、土豆、芋艿、竹笋、包菜、花菜、长梗菜、黄花菜等。

中药材：湖上主要分布在大、小贡山，陆上主要在阳山、大石山等地，有乌桕、合欢、枫杨、苦楝、小叶女贞、枸杞、金银花、野菊花、爬山虎、蒲公英、夏枯草、紫花地丁、野胡萝卜、野三七、半边莲、半枝莲、丝瓜筋、益母草、避阴草、车前草、桔梗、腊梅花、地鳖虫、侧柏叶、龟板、蜈蚣、乌梢蛇、鳖甲等。

动物分饲养动物和野生动物两大类。

饲养动物少，主要有：奶牛、山羊、湖羊、猪、狗、猫、兔；家禽类：鸡、鸭、飞鸭、鹅、珍珠鸡、鸽子；饲养水产类：鲤鱼、鲫鱼、青鱼、草鱼、鲢鱼、鳊鱼、蚌珠、蟹、虾、鳗鲡、黄鳝等。

野生动物多，要分门别类。

畜类：黄鼬、野兔、刺猬、鼠、蝙蝠、野山猫等。

鸟类：麻雀、斑鸠、蜡嘴、画眉、喜鹊、乌鸦、白头翁、燕子、猫头鹰、杜鹃、野鸭、赤麻鸭、绿头鸭、罗纹鸭、绿翅鸭、斑嘴鸭、红头潜鸭、青头潜鸭、鹊鸭、白鹳、鸳鸯、苍鹰、雀鹰、翠鸟、斑啄木鸟、黄雀、苍鹭、白鹭、金翅雀、红头长尾山雀等。

两栖类：蟾蜍、青蛙。

爬行类：龟、鳖、壁虎、赤链蛇、翠青蛇、蝮蛇、乌梢蛇、水赤链游蛇、称星蛇、黄颌蛇、竹节蛇、七步蛇。

环节类：蚯蚓、黑蚂蚁、黄蚂蚁、白蚂蚁、沙蚕、中国急游水虱。

节肢类：秀丽长臂虾、白泥虾、细足米虾、青子虾、蟹、螃蜞、西瓜虫、蜘蛛、蜈蚣、斑蝥、蜜蜂、地鳖虫、螳螂、苍蝇、蟋蟀、蝼蛄、天牛、蜻蜓、蚊虫、黄蜂、蝗虫、蟑螂、稻螟、萤火虫、金龟子、小头水蛱、菜粉蝶、蝴蝶。

软体类：田螺、蜗牛、蚌、河蚬、螺蛳、蜓蚰。

脊索、脊椎类：刀鲚、湖蛏、大银鱼、银鱼、白鱼、青鱼、黑鱼、草鱼、鲫鱼、鳜鱼、鳗鱼、鲢鱼、季鱼、川鲦、鲈鳜、红鲦鱼、黄鳝、泥鳅、鳊鱼、鲤鱼、寡齿短吻银鱼、麦穗鱼、西湖颌须鳜、鲶鱼。

这些，也都是承太湖之恩而蓬勃的生命吧。

六、岁月如歌

一方水土养一方人，这里挑一些依旁太湖独到的民俗说说，大同小异的即省去。

春节：农历正月初一是春节的第一天，俗称年初一，家家户户晨起后要放炮仗，意在送旧迎新，开门大喜，这天男女老少穿戴一新，结队逛街（旧时去赶庙会、烧头香），邻里熟人相见互道"恭喜发财""新春快乐"等贺词。早上吃"圆子""年糕"，象征团圆和高升。这一天，不贸易，不借贷，不讨账，不扫地，不动刀、针，不杀生，不说不吉利的话 。年初一不吃淘汤饭，怕以后出门常遇雨。年初二开始走访亲朋吃年酒。

唱春：正月里，旧时有唱春人来往（多为外地人，也有当地的渔民），手拿敲板和乐器，唱的是民间小调，内容大多是祝贺新春或民间故事。唱春人逐门上户唱，还会

抬猛将

给户主符印门神之类的贴纸，户主也会还送年糕团子等物品。二十世纪六十年代后绝迹。

接路头：农历正月初五，乡人视路神为财神。清晨，各家各户都要开直大门，放鞭炮接财神菩萨，盼望新的一年能发财致富。此俗至今仍有。农家要给作物施肥，俗称浇路头粪，能使作物获得大丰收。

元宵节吃圆子：用糯米粉搓制成丸子，加桂花、白糖煮吃，香甜而不腻。元宵节又称上元节，常以十三日试灯，十八日落灯，十五夜为正日。民间有"上灯圆子落灯糕"的习俗。

祭猛将：俗称"抬猛将"。据老人说，猛将姓刘，作战勇猛，故有"猛将"之美称。他爱护百姓，且能驱治蝗虫，天旱祈雨有应，深受农民爱戴。每年正月里，农民为盼望来年风调雨顺、除灭虫害，祈求丰收好年景，到抬（待）猛将的那一天，大家把猛将老爷从上家的神龛（家堂）上请出来，抬着猛将在田间、地头巡视一周，一路上要放鞭炮，还要请堂名鼓手吹打。若年景不好，庄稼田里害虫多，也要祭猛将。

抬猛将：一般以"图"为区域，猛将老爷一年住一户，每年每户轮流住。轮到侍猛将的叫"当头"，这一年猛将老爷就供放在"当头"的家堂里，凑钱办酒席、请堂名、抬（待）猛将老爷等事务皆由"当头"操办，并要把到各户凑到的钱数和姓名刻在石板上，由当头轮流保存。猛将老爷神像由香樟木制作刻成，约60厘米高，笑眯眯、和蔼可亲的样子，头扎布巾，身着蟒袍，赤脚（因为他也是要下田的）。猛将老爷从上一家抬来后，坐在专备的轿子里，因为神像轻，故座下要放稻谷，一以压重，二示丰收。4人抬轿，"当头"在前引导，二人跟随神像左右，行进路线由村庄西边出，东边进。一路上，一边有堂名吹打着乐器，一边有人放着鞭炮，浩浩荡荡地行走，先到田头，后到村头巡视，最后进入新家。猛将老爷进入新家后，就开出"乱头斋"（人人都可以去吃斋饭），菜食很丰富。到七月初一，要把猛将老爷从神龛上请下来，给他烧香一个月，并在每块田里插上一面小的红或黄的三角旗，以示猛将老爷驱治蝗虫。

二月初二"龙抬头"：甘霖降临，即将开始春耕备种，农家以隔年糕油煎而食，称此为"撑腰糕"，说是吃了"撑腰糕"，"支持柴米凭身健，莫愁终年筋骨劳"。

张大帝生日：传说农历二月初八，是张大帝生日。张大帝共有3个女儿，初八前会刮风下雨，说是张大帝领女儿；到初八这一天，天气会骤然变冷；说是张大帝把冻狗肉给女儿吃；初八后还会下雨刮风，说是张大帝送女儿。

百花生日：农历二月十二日，农户要在各类花树上粘上红纸或系上红线，以敬花神，祈盼来年百花盛开，硕果累累。

观音生日：传说二月十九是观音生日，老和尚不让观音娘娘过好生日，这一天老和尚作法刮风下雨，要落湿观音娘娘的绣花鞋。

老和尚过江：农历二月二十八日这天，老和尚要过江吃小孩，观音娘娘为了不让老和尚过江干坏事，作法刮大风，把老和尚的船吹翻在长江里。

祖师报：苏州解放前，每年农历三月初三要抬（待）祖师爷，这一天要请一两班堂名唱戏。先由4人抬着祖师爷神像，在村周围的田间巡视一周，回到祖师庙后，祖师神像回坐神位，堂名开始唱戏。镇湖（西华）地区的人，凡是新盛村有亲眷的，都会到新盛赶庙会，新盛村的人像过新年一样地接待亲眷朋友喝酒吃饭至深夜。

清明节：每家每户都要过节，去坟地除草培土、上供品、点香烛、烧纸钱、叩头跪拜、祭敬祖先。中华人民共和国成立后，清明节也逐渐成了机关、学校祭扫烈士墓的活动日。

立夏日：食酒酿、粽子、竹笋、春蚕豆、咸鸭蛋，还有猪头肉等。立夏日这天，小孩在颈脖上挂一只彩线编织的"蛋络子"，内放咸鸭蛋一只，说是吃了蛋可以长得白白胖胖，并能滚（意同混）过夏天，不生病。如果有小孩夜间磨牙或尿床，次日则要躲在门背后吃猪尾巴，据说可治好。

端午节：吃粽子。旧时，农历五月初五，家家都要包粽子，有民谚"立夏吃个粽，一夏健松松""端午吃个粽，老来有人送"。而今有一些居民自家包粽子，尤在农村较为普遍。纪念的对象为伍子胥，非屈原。

吃雷斋素：旧时每年农历六月初一至二十四，乡人中十之八九不吃荤菜，专吃素菜，希望能拔除不祥，安度炎夏。如今吃雷斋素的人已不多。

谢灶：农历六月初四、十四、二十四3天为谢灶日。各户备办素馅团子、茶叶、素食，祭敬灶神，说是这样夏天会过得顺利。

过七月半：农历七月半是鬼节。当地百姓一般在七月十五前过节祭祖。

轧仙人：相传苏州府一府台家女儿染病，久治不愈，后经乡医李怀春用针灸治愈，府台欢悦，欲以厚报，经查知李怀春已故。为了纪念他，在大新桥东埭造"李仙人"祠，即"东和禅院"，里面供奉了一尊"李仙人"神像。百姓有病总去"李仙人"神像前烧香求医，说是有病必治，有求必应。从此，每年农历七月二十四这天，镇湖（西华）一带和邻近乡镇的百姓都去烧香，人山人海，香火兴旺，后来称"轧仙人"，此俗沿袭至今。

中秋节：吃月饼（农历八月十五为中秋节，俗称吃麦饼）和桂花糖芋艿及鲜瓜果，取意月圆成双，甜蜜如意。

重阳节：农历九月初九，吃重阳糕，以米粉、红枣和糖做成五色糕，或以云片糕代之，寓意百事具登高。古人把"九"列为阳数，九月初九是二九相重，故叫"重九"或"重阳"。这一日要做重阳糕，并在糕上插彩色三角小纸旗。"糕"与"高"谐音，象征高升之意。

冬至：分冬至夜、冬至日。俗话说"冬至大如年"，苏州人把过冬至看得比过新年还重要，有"肥冬瘦年"之说，相沿至今不衰。冬至夕，也叫冬至夜，全家团聚吃冬至夜饭，喝冬酿酒，家人外出者，也要给他放一副碗筷，以示团圆。故旧时有"有铜钿吃一夜，无铜钿冻一夜"之说。

腊月初八：吃腊八粥，农历十二月称为腊月，故有十二月初八为腊八，这一天，以青菜、萝卜、花生仁、胡桃仁等菜果掺入米中煮粥吃，故名"腊八粥"，又称"佛粥""七宝粥"，人们相信食此粥能消灾降福，都煮而食之。

廿四夜：农历十二月二十四，称"廿四夜"，全家吃谢灶团子，家家要送灶神。这天夜里全家要吃一餐团子，叫作"谢灶团"，又称"安乐团"，表示安安乐乐迎接新年的到来。

除夕夜：吃年夜饭。十二月三十大除夕，又称"大年夜"，这一天傍晚起，叫"过年"，家家举行家宴，叫作"吃年夜饭"，并且在自族或近邻中互相邀请吃年夜饭，话说"年十八"，取意要吃十八餐，以庆祝即将过去的一年，迎来新的更美好的一年。

七、生生不息

一地有一地的婚姻风俗。这个为创造和迎接生命的搭台渲染中，总能让人从中窥探一些与生命相关的联想。挑几样说说。

配小亲：旧时女子尚在孩童时，有媒人上门说亲，双方家长同意，女方接受男方的一些聘礼，待两家子女长大后，由男方家长择定结婚日子，这种婚配叫"配小亲"。这是经济发展薄弱、物资匮乏的年代，人们的一种无奈之举，是一种记忆中的创痛和忧伤。是不是有一种果子尚未成熟就"寅食卯粮"的意味，或者说是"望梅止渴"？

吃小喜酒：这是二十世纪七十年代兴起的配亲习俗，和旧时的订婚相仿，即男女自由恋爱或经人介绍双方同意，征得双方家长赞同后举行的一种配亲仪式，男女双方都要办酒席，名曰"吃小喜酒"，应邀前来贺喜的亲朋好友一般都要送上见面礼。

拣日，担（送的意思）大盘：男家准备就绪后，要请算命先生择定黄道吉日，将迎娶日期和聘礼由媒人负责送往女方，曰"拣日"。"大盘"为四个直径尺余大的木盘，内装喜糖、茶叶、爆竹和衣料。"盘"的形式现已鲜有见到，取而代之的是男方给女方送去首饰、现金等彩礼。男女双方分别向自己的亲朋好友送喜糖，通知结婚日期，邀请参加婚礼。如有特殊情况需提前或推迟，一方必须及时通知另一方，经协商后重定日期再行完婚。

待媒：婚礼前一天，男方备酒筵招待媒人（主媒2人，男女双方各1人，女方新娘的姐、妹、嫂、婶、伯母、阿姨、姑母、娘娘都算作"挽媒"，挽媒人数多的可达20多人）。每个媒人可带1个小孩，称"媒核"。新郎的姑父、娘舅坐首席，个个都要"开桌"而坐（一张桌子只坐6人，南面空位不放长凳），饭后，男方主人还要给每个小孩送上云片糕和喜钱。

拔袋：结婚之日早饭后，新郎要带上酒筵（酒菜、烟、糖、水果、炮仗等装在大竹匾中）一至二桌，到"寄爷、寄娘"（即干爹、干妈）家拜祖。而后，寄爷、寄娘将"寄名袋"（里面有寄儿子的生辰八字）及一套衣裤、鞋袜回送给新郎。临走前，新郎要恭请寄爷、寄娘参加婚礼。这是一个充满人情味的感情联络方式。寄爷、寄娘也是新郎的父母，时间久了彼此感情深厚，同时，作为长辈也应参加寄儿子的婚礼，而"拔袋"就是要把当初寄儿子的寄名袋归还给他，认同他也成家独立了。

迎亲结婚：男女结成配偶谓之结婚，俗称"好日"。男方称娶亲，叫讨"家主婆"，女子叫"嫁囡媂"。举行婚礼的当天称"正日"，上午请媒人吃早饭，准备两桌酒席及烟、糖、两条鲤鱼、两根甘蔗、一只带爪猪腿、两盘糕等物，派人带了扁担绳索，去女家搬取嫁妆，称为"发人盘""搬行嫁"。旧时，多数用船，现时改用汽车运送。新郎及伴郎留在新娘家，与女方的亲戚朋友一起吃喜酒，饭后新郎回家，这叫"轿前回门"。傍晚，男家请堂名或鼓手（现时称音乐班），抬花轿，组成迎亲队，"前包相公"（男家的全权代表）开道，媒人、新郎随后，紧接着是鼓乐队和迎亲队伍，一路点放炮仗，前往女家。女家闻声，紧闭大门，几经交涉，待男家拿出"开门钿"和一定数量的烟、糖，满足要求后，才开大门。婚前，新娘在家要拜别祖宗，俗称"别祖"。长礼三请后，新娘在新郎的陪同下，走出闺房，并向在场的亲戚长辈逐个道别。上轿后，新娘必须放声大哭，称"哭发"，乃是吉利之举。但往往一开始是假哭，哭着哭着成了真哭，弄得女方的父母跟着掉泪，周围上了年岁的人也跟着伤感、叹息。女方媒人手捧"千年红"，两个男孩，一挑"子孙桶"，一挑"三朝团"，还有送亲、陪客，随同新娘去男家。花轿抬到男家，鞭炮、烟花、鼓乐大作。此时，喜堂上早已张灯结彩，红烛高照，待男方家长"接宝"、接"子孙桶"及"三朝团"结束后，新郎新娘方能进屋，去父母老房坐歇。随后，新郎新娘换好"上亲鞋"，踏上红毡毯，按掌礼口令"拜天地""拜高堂""夫妻对拜"，最后送入

洞房。婚宴结束后，男家一族要举行"拜祖"仪式。洞房的布置，新床最为突出，挂有"发禄袋"以及绘有吉祥图案的刺绣挂件，还要放粘有红纸的红皮甘蔗、秤杆，讨"节节高升""称心如意"的吉利。床前放着"子孙桶"，桶内放着五个煮熟的红蛋，象征"五子登科"。新郎、新娘入洞房后有坐床、挑方巾、吃夫妻夜饭等仪式。现时的新房已趋于现代化，挑方巾等旧习已废，但"节节高升""五子登科"等象征吉利的风俗依旧。

闹房：是婚礼的高潮，称为"闹新房"，俗话说："新婚三朝呒（无）大小"，旧时要新娘在床上翻跟斗，叫"翻元宝"，认为越闹越发。通过闹房，增加欢乐气氛，增进亲友感情，现今已演变为让新郎、新娘讲恋爱经过或做一些嬉闹性的游戏。

招女婿：女家膝下无子，需男方到女家落户，称"入赘"，也叫"招女婿"。北方叫"倒插门"，蛮形象的。赘婚要改从妻姓，待到生子，就可顶女家姓传代了。俗称"补代"。丧夫的妇女，也可招婿入赘，俗称"填黄泥膀"，就是寡妇招女婿，但男方可以不改姓。为何叫"填黄泥膀"，问过几个本地人，说法不一，大多是围绕字面想当然，似乎是招进一个男劳力，跳进黄泥坑顶着干农活，当然最好是腰圆膀粗有力气，花拳绣腿的一边等着去吧，别来惹人心烦了。

抢亲：旧社会，有的穷人虽已订婚，但实在无钱娶亲，就趁女方走亲戚、看戏、赶庙会的机会沿途抢之，随即燃放炮仗，"生米做成熟饭"，俗称"抢亲"。还有两种情况也叫"抢亲"，一种是丈夫卖妻子，骗其外出，事先约好的买主在途中放几个炮仗将其"抢"走；另一种指民国年间有些年轻寡妇意欲再嫁，媒人闻讯后，暗告欲娶之人趁寡妇外出时抢之，被"抢"的寡妇其实已心中有数，半推半就，免却繁文缛节就有了实质性的坐镇洞房，重做新娘子，乃是速战速决。以上三种抢亲，都必须迎娶男人先动手，然后别人才能上前帮忙。

叔接嫂：旧时妇女在丈夫亡故后，由公婆做主，与未婚叔弟成婚，婚礼简单但须隆重，近亲及长辈均要到场祝贺。这与沈从文笔下的湘西习俗很像。双方如果有爱情，倒也挺好的，叔嫂如姐弟，"姐弟恋"在如今也是时尚。旧时的叔接嫂，更多的还是照顾上有老下有小，维系亲情，是对家门不幸的应对和修复。

婚姻之瓜藤，在天地人和的共同协作下，新生命的诞生也就水到渠成、瓜熟蒂落了。说说几个当地习俗。

催生：婚后新娘有了身孕，俗称"有喜"。娘家要为孩子制作四季小衣服、尿布、抱裙等。待孕期足月，便用一块包袱包好，打了结，俗称"催生包"，连同苦草（益母草）、红糖，再带一个小男孩去女儿家，进门后直奔孕妇房间，据说孕妇若能迅速打开"催生包"，便会分娩顺溜、快速。

分娩：旧时称"接产"，一般都是请"老娘"在家中生养，丈夫陪伴在旁，大门紧闭，闲人不准入内。这个"老娘"可与爹娘没有关系，就是民间的接生婆，在生命之门接待了很多新生命的到来，称其为"老娘"倒也贴切。生育中的胎盘俗称"衣包"，处理十分慎重，男孩的衣包必须埋内屋里，女孩的可以随便丢弃，不知定这样的规矩是出于什么考虑。二十世纪五十年代后期，"老娘"的工作已由农村接生员替代。现时，孕妇都去医院，由医生接生，产妇、婴儿的安全得到了充分保障，也就没有了"衣包"规格不一的处置规矩。

坐月子：产妇被称为"舍姆娘"，即"坐月子"，满月前不能下地。孩子出生之后，亲友才能去看望产妇，备礼祝贺。旧时，礼品都为一副猪肚肠肺及三斤肋条肉。后来随着生活水平的提高，礼品档次也逐渐升级，由送鸡、蹄髈上升到送带爪猪腿，还有营养品和保健品。但送云片糕或蛋卷的习俗依旧不变，有种任你物质富足，我自岿然不动的神态。大约是因为云片糕有"高"音，蛋卷中的蛋是"元宝"，都有吉祥之意在其中。

邋遢团：孩子出生后，要用糯米粉做成圆形的团子，馅是赤豆加糖煮成的，俗称"邋遢团"，以此馈赠亲友和邻居。现今大多数改用"红蛋"（煮熟的鸡蛋染上红色）送人。

满月：初生婴儿满月剃头是人生第一件"庆诞"大事。旧俗，剃头那天要办"满月酒"，吃"满月面"。亲友多给婴儿送"剃头礼"，有金银项链、锁片、手镯、脚镯、项圈及精巧的金银制品如花生果、小如意、小木鱼等。物饰上面都有"长命富贵""长命百岁"等吉祥字样。这一天，婴儿由舅妈或阿姨抱着，把理发师请到家里给婴儿剃头。剃头后，要抱着婴儿（婴儿要用渔网遮掩，说是可辟邪）打着伞，到野外去走一圈，途中要走过三座桥。而后，大家欢聚一堂，喝酒吃面，同时，还要把面分送给左邻右舍。

兰馨　篇

TAIHU
LANXIN

高启

一、红梅照影

人为万物之灵。在母亲湖的抚育护佑之下，万物依其禀赋生长，其中最重要一物，就是人。

这里要介绍的头一位，也是本章节出场的前贤现场导游，是吴地爱梅花的古代诗人。他的作品，他的人品，都堪称是一枝梅花，从明初至今，一直让人仰视，让人震撼。可以说，他照亮了整个明代的诗坛，也照亮了整个江南。

他的名字叫高启。

故事要从二十世纪六十年代讲起。

1961年12月，毛泽东诗词《卜算子·咏梅》发表。1958年"大跃进"遭受挫折后，中国又进入了三年困难时期，国民经济处于重重困难之中。而此时，国际上掀起了一股反华浪潮，可谓雪上加霜，中国人民正在经历一次严峻的考验。毛泽东创作发表这首词的目的，是鼓励大家蔑视困难，敢于战胜困难。他借咏梅言志，鼓舞斗志，鼓励人民大众要有威武不屈的乐观主义精神。

词是这样的：

> 风雨送春归，飞雪迎春到。
> 已是悬崖百丈冰，犹有花枝俏。
> 俏也不争春，只把春来报。
> 待到山花烂漫时，她在丛中笑。

毛泽东在这首词的前面有一句引语："读陆游咏梅词，反其意而用之。"表明创作契机。

陆游咏梅词，全篇印象最深的，是一个"愁"字；毛泽东的咏梅词重点却在最后一字——"笑"。鲜明的对比，表现出了两位作者不同的心境和不同的襟怀。果然是"反其意而用之"。

在当时诸多的解析当中，人们都将目光集中投向这两首词的比照。五十多年过去了，许多的历史资料都能够公开出来，人们这才发现，原来还有一个写梅花的诗人及其作品，对毛泽东的这首词影响更大，他就是明代的苏州诗人高启。

让我们将镜头推近毛泽东的书房。

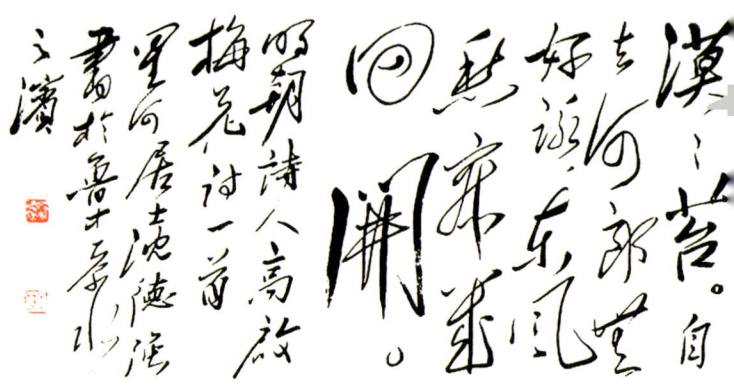

　　1961年11月6日上午，毛泽东三次留纸条给秘书田家英，请他查找一首咏梅诗。

　　这天上午6时，毛泽东手书的便条上写着："田家英同志：请找宋人林逋（和靖）的诗文集给我为盼，如能在本日下午找到，则更好。"过了两个多小时，8时半，他再写一便条："田家英同志：有一首七言律诗，其中两句是：雪满山中高士卧，月明林下美人来，是咏梅的，请找出全诗八句给我，能于今日下午交来则最好。何时何人写的，记不起来，似是林逋的，但查林集没有，请你再查一下。"随即，他又追加一条："家英同志：又记起来，是否清人高士奇的。前四句是：琼姿只合在瑶台，谁向江南到处栽。雪里山中高士卧，月明林下美人来。下四句忘了。请问一下文史馆老先生，便知。"

　　后来终于查知，这首诗是明代高启《梅花九首》中的

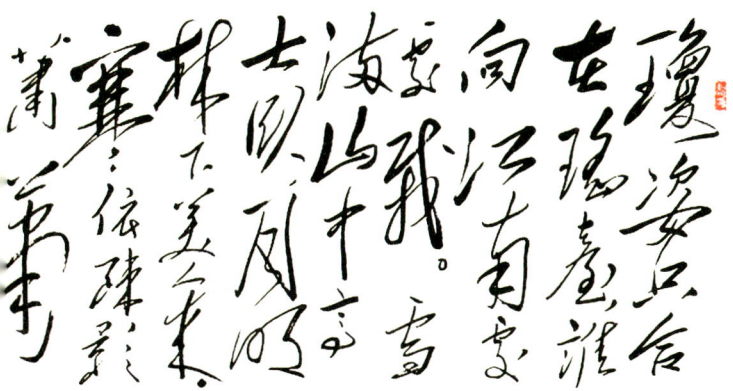

高启 《梅花九首》之一

第一首，全诗如下：

> 琼姿只合在瑶台，谁向江南处处栽。
> 雪满山中高士卧，月明林下美人来。
> 寒依疏影萧萧竹，春掩残香漠漠苔。
> 自去何郎无好咏，东风愁寂几回开。

我们不妨先看看毛泽东的三张便条，很有意思。他第一张便条，是要秘书帮他找林逋的诗文集。林逋就是那个写"疏影横斜水清浅，暗香浮动月黄昏"佳句的诗人，这两句诗成功地描绘出梅花清幽香逸的风姿，被誉为"千古咏梅绝唱"。这位林诗人还有一个雅称，"梅妻鹤子"。想到写梅花的诗人便想到林逋，即便错也错得有道理。第二张便条是两个半小时后写的，记住了咏梅的一联佳句："雪满山中高士卧，月明林下美人来"，还发现不是林逋所写，因为他翻查了林的诗集，诗集中没有，但自己慢慢回忆，终于想起了其中的具体句子。随即追加第三张便条，又将想起的诗句由一联增加到了四句，忽想起清人高士奇，怀疑这个咏梅的句子是清代高诗人所作，并指明方向：请问一下文史馆的老先生。这写三张便条的过程，让人清晰地看到毛泽东功底的深厚，记忆力过人，对身边秘书的亲和，对文史馆老先生的尊敬，还有他自己迅速思索的思路轨迹。虽然高士奇也是错的，但他姓高——高启的姓想起来了，海底的冰山也就渐渐涌起。

毛泽东非常喜爱高启的梅花诗，当然因诗也喜爱诗人，喜爱诗人的人品。毛泽东在查到这首咏梅诗是高启所作后，非常高兴，当天即用毛笔重新书录了这首七言八句的诗，还在诗前加注："高启，字季迪，明朝最伟大的诗人。《梅花》九首之一。"整幅书法遒劲潇洒，章法大开大合，体现了书者的愉悦心境。其中，"高启"二字，大大竖立在前，形同标题一般。

这两位相隔几百年的诗人，可算是惺惺相惜的一次神交，一次心灵的握手。

可是，何以见得高启的诗对毛泽东《卜算子·咏梅》影响更大呢？陆游的是长短句的词，词牌与毛泽东是一样的，毛泽东还在词前加一句"读陆游咏梅词，反其意而用之"。高启的是诗，毛泽东词中并未提及只言片语。

不妨稍加分析一下高启诗句的格调，就能发现毛泽东喜欢高启的理由。

看首联——"琼姿只合在瑶台，谁向江南处处栽？"梅花本该是瑶台上的琼玉，谁栽向了江南？不说栽于天下而只说栽在江南，大约是诗人一生足迹不出江南吧，在他的心目中，只有他的故乡太湖边最是适合梅花。

看颔联——"雪满山中高士卧，月明林下美人来。"她是雪山中的高士，她也是林里的美人，于雪山能安稳酣卧，何尝把大雪放在心上？清风明月中美女款款迈步，何其超然绝尘？从容而不惊，秀雅而不艳，不知是梅花的高洁呢还是人品的坚毅？

看颈联——"寒依疏影萧萧竹，春掩残香漠漠苔。"山间的苍苍秀竹，自不会放过与高士交结的机会，它们把自己萧萧竹声中的清寒，奉献给梅花的身影；林中最平常的青苔，也知道爱怜美人，零落的花瓣半蚀于春泥之时，它们也会把这残留的清香带到不远的春天暖土之中。

看尾联："自去何郎无好咏，东风愁寂几回开？"诗人何逊之后便再无咏梅好诗，梅花在寂寥地枯等，但终究会有知音到来的，譬如眼下正在写梅花的诗人高某……

梅形易写，梅魂难临。诗人若非禀有梅的灵性，又安能窥到梅的灵魂深处？细读高启的诗，与其佩服诗人的高妙手笔，不如仰视诗人的高洁襟怀。通篇诗未写一"梅"字，却处处有梅的身影闪现其间。

毛泽东的咏梅词，也是无一梅字，却字字皆为梅花神貌，处处都有国人精神。

鱼揭三百映江城浮家枫鸹鹅
有名几度径乌色惊张继续乌啼
月落文镜声　明高启诗

新我

陆游的梅花，暗喻了自己的坚贞不屈，却因其正处在人生的低谷，因而十分悲观，整首词彻骨的悲凉。用现在话说，是负能量。而高启，一如其名，"从高处启发"，给人满满的正能量。

这一枝江南梅，穿过数百年的烟雨，冲出了江南，北上，绽放在彼时的紫禁城、如今的中南海，绽放在一间特别的书房中。

明代的江南一枝梅，最后艳艳地在雪地上绽放了。

高启（1336—1374），字季迪，号槎轩。明代长洲（今苏州）人。元末曾隐居吴淞江畔的青丘，自号青丘子。与杨基、张羽、徐贲合称"吴中四杰"。明初受诏入朝修《元史》，授翰林院编修。洪武三年（1370）朱元璋拟委任他为户部右侍郎，他固辞不赴，返吴地授徒自给，有点像今人的做家教。但也因此得罪了皇帝。

得罪了屠夫一般的皇帝，还能有好果子吃？

给高启带来灾难的直接原因，是他写了一篇《郡治上梁文》。那个朝代，吴地平常人家盖房子上大梁时，都要摆上猪头或糕点、馒头祭神，现在太湖边还存在这个风气。当时苏州府官方办公大楼正在建造，知府魏观人来疯，"显嘎嘎"（吴语：显摆）要退隐的高才子写一篇像样的上梁文，这有点像宋代庆历四年春，谪守巴陵郡的滕子京重修了岳阳楼，就向吴地才子范仲淹索句求文，"作文以记之"，终于搞出了一篇《岳阳楼记》。高启也没有想太多，知府没有架子，将自己当哥们抬举，一顿老酒穿喉进，提笔就写出了这个劳什子。这本不过一件很小很平常的风雅事，却被朱元璋候了个正着，终于是让他抓住了把柄。其一，魏观修建的知府治所地点选在了张士诚宫殿遗址，而张士诚正是朱元璋当年的死对头；其二，高启写的那篇《郡治上梁文》上有"龙蟠虎踞"的字眼，犯了朱元璋大忌。"龙蟠虎踞"之地当为帝王所居，你高启把张士诚住过的地方也称"龙蟠虎踞"，岂非大逆不道，岂不是"另有异图"？杀无赦！

具体罪状，还有几条，就不一一罗列了。反正欲加之罪，何患无辞？朱元璋这个放牛娃出身的皇帝，对苏州非常不待见。打苏州城时，久久攻不下来，据说苏州的百姓都在帮张士诚，朱元璋能不拿苏州人出口恶气？苏州富人多对吧？先拿富可敌国的沈万三开刀，沈家万贯家产全部充公，家人一咕噜充军发配！苏州人养尊处优？那就移民，从阊门出发，都给我到苏北滩涂地或更远的地方种地！数十万人离乡背井，至今，他们的家谱上都写有苏州阊门。几百年后的今天，盐城一带的人们，还将睡觉唤成"上苏州"——梦回故里！至于文人高启，很清高对吧？给你个官你不做，"不肯为五斗米折腰"，给脸不要脸！我咔嚓你的腰，我看你折还是不折！

朱元璋得天下后依然嗜血成瘾，除了对那些帮他打天下的功臣下狠手外，还特别热衷于和宋朝对着干：消灭文人。"吴中四杰"无一幸免。杨基被扣上莫须有的罪名罚做苦工，累死在工地；张羽被绑起来沉江喂鱼，葬身鱼腹；徐贲因犒劳军队的小纰漏，被下狱整死；高启则被活活地先腰斩，继而成八段。高启被腰斩之时，才三十有九，虚岁。

据传，高启被行刑那天，天降大雪，朱元璋给的规格也挺高，他居然要冒雪亲自监斩，他要亲眼看着一个不配合的诗人痛苦地慢慢死去。实际情形是，高启被腰斩后，的确没有立即死去，他伏在地上，用上半身的力量支撑起来，用手抓起自己淌在地上的血块，在雪地上写了三个鲜红的"惨"字，如三朵炸开的红梅。

腰斩了高启，也就腰斩了一代文脉。

杀鸡吓猴，杀诗人吓唬谁，大家也都心知肚明。

就此，如同高启的血向周围蔓延一样，吴地，不再有创作的风气，只有研究隔代、隔无数代的经学，研究先秦以前的国学。他这枝梅花，不是来报春的，他所处的那个冬天，太冷太冷，离春天遥遥无期。

为写这部书稿，实地收集素材，这个冬天我数次前往太湖边的西京湾。从大小贡山望出去，湖水浩渺，一片苍茫。顶着凛冽的湖风，我想到过高启和他的梅花诗。一介文弱书生，不过想洁身自好，与权势采取不合作的态度，最后结果是丢了性命。"人为刀俎，我为鱼肉"，这原本就带了宿命的色彩，无处可逃。除了一声声的叹息，我们还能做什么呢？未必能将历史倒过来重新演变吗？

湖风吹得心痛。我将皮夹克的拉链拉开，将红色的羊毛围巾系紧，多余的一律塞进胸前的皮夹克内，再使劲快速地拉拢拉链。顾不得风度与好看了，御寒要紧。皮夹克拉链严密无缝，看起来有些像咬牙切齿。

纪晓岚在《四库全书总目提要》中赞誉高启"天才高逸，实据明一代诗人之上"；清人赵翼在《瓯北诗话》中推崇高启为"（明代）开国诗人第一"。这只能更深深地招致叹息。

太湖养育了高启，最终，他的血返归到了太湖，留给后人的是他的高贵气节。还有，几百年后一个大诗人的赞叹。这声赞叹，也是这位诗人的一句雷霆万钧的诗："换了人间"！

又一个冬天来了。今年江南的冬天有雪吗？

没有雪，那红梅也一定会依约绽放吧？

如果有空，又心有所思，不妨读读这个明代最有才华的诗人另外八首梅花诗，借窗外那弯照过古人的冷月，葬一代诗魂。

二、东吴经师

高启之后300多年，太湖边又出了一个大学问家惠栋。惠栋墓位于光福镇香雪村南首土桥头，墓于乾隆二十四年（1759）建，民国十五年（1926）重修，墓地50平方米，周筑护墓墙，墓前设望柱，碑文"清经师惠定宇先生墓，中华民国十五年十二月，腾冲后学李根源敬题书，五世孙惠善恩率子而谨立"。

惠栋（1697—1758），字定宇，号松崖，学者称小红豆先生，吴县东渚人。祖周惕，父士奇，皆治《易》学，三世传经，被赞为一代佳话。清代考据学派主要分为吴、皖两大派，吴派以惠栋为首。

惠栋传世著作有《九经古义》二十二卷，《易汉学》，《孟喜易》二卷，《虞翻易》，《京房易》二卷，《郑康成易》,《荀爽易》,《易例》二卷,《周易述》二十三卷,《明堂大道录》八卷,《禘说》二卷,《古文尚书考》二卷,《后汉书补注》二十四卷,《王士祯精华录训纂》二十四卷,还有《九曜斋笔记》《松崖笔记》《松崖文抄》《诸史荟最》和《竹南漫录》等书。

说起清代吴地治学,不能绕过发清学之端的顾炎武。正是他的博学于文、参证经训、讲求音韵、勤搜广辑,深深影响了这片向来崇文向学的土地,最终使这里成为波荡全国的乾嘉学风的重要发源地,并走出了代表人物——惠栋。

顾炎武倡导"六经"研究,但他的学术旨趣却是以宋代理学为背景的,而惠栋为先声的吴派学术,却摈弃宋明理学,直接回归到两汉经学。因而惠栋的学术又自成体系,具有开宗立户的首创意义。

清代学者任兆麟这样说:"吴中以经术教授世其家者,咸称惠氏。惠氏之学大都考据古注疏之说,而疏通证明之,与六籍之载相切。传至定宇先生,则尤其著纂,卓卓成一家言,为海内谈经者所宗。"

这就点明了一点,惠栋之学虽衍顾炎武余续,但更多是受家学影响,而且到他这里自创门派,终成大端。

惠氏家学的确深自有源。《清史稿》以难有的详尽笔墨叙述了其家学渊源。而且看惠氏一门的治学,即能管窥出清初至乾嘉前期学术风气的演进过程。

惠栋曾祖父惠有声，曾以"九经"教授乡里；祖父惠周惕，邃于经学，著有《易传问》《春秋问》《三礼问》，在清初首倡汉学；父亲惠士奇，在康熙、雍正、乾隆三朝为官，"盛年兼治经史，晚年尤邃于经学"，撰写《易说》《礼说》《春秋说》，多有独家发明。

惠氏与红豆有不解之缘。惠周惕因为喜爱红豆，在自己的书院种了一棵红豆树，并自号为"红豆主（老）人"，其子惠士奇被称为"红豆先生"，到了惠栋，人称"小红豆先生"。他们的住所也均与红豆沾边，如周惕有"红豆书庄"，士奇有"红豆斋"。红豆在古时，有着极其深邃的文化内涵。除了借托相思外，红豆的种子经久不腐、不烂、不破、不碎，与惠氏坚贞不屈的家蕴可谓是一脉相通。

吴地学术传承向来有着这样的传统，即以血缘为脉络形成组织形态，代代相传，终成其大。背着书箧，跨过门槛，外出就师，当然是一种求学常态，但大门一关，里面其实还有一个自成体系的学术系统。这确实是吴地让人惊讶的文化现象。

由惠栋上溯至其曾祖，惠家四世传经不息，后浪不断劲推前浪，新蕊摧压旧花。在"一门三红豆"的惠家，小红豆先生惠栋虽然不像他的祖父和父亲均为进士出身，但自身聪颖惠达，勤学善悟，再加上家学渊源，这于一个学者而言，就像丰沛的阳光、充足的水分、肥沃的土壤之于一粒松树种子，挺拔参天只是时间的问题了。

惠士奇任湖广乡试正考官、广东学政提督等职时，惠栋跟随乃父宦游湖广，遍结当地俊彦，学问和眼界超越年龄的开阔。乾隆九年（1744）参加乡试，他由于拒绝用程朱理学语录来做八股之文，"以用《汉书》为考官所黜"。于是他绝意仕进，确立了终身不仕、一心向学的人生志向。

虽然厄于贫穷，甑尘常满，但他神情晏如，安之若素。中年之后，他开始课徒自给的穷苦塾师生涯，"陋巷屡空，处之坦然。雅爱典籍，得一善本，倾囊弗惜，或借读手钞，校勘精审，于古书之真伪，了然若辨黑白"（清·钱大昕《惠先生栋传》）。

惠氏祖孙三代惠周惕、惠士奇、惠栋同列沧浪亭的五百名贤祠，为唯一特例，足见后世吴人对惠氏的敬仰。究其原因，大约惠氏的家规刚好吻合了吴地人崇文重教的传统。

一代学人，风范长留。有缘接近书香，福报自不待言；无暇披卷交流，那么到东渚西街，看看建于明代的周氏四进的研经之所，看看宅前的六条旗杆夹石，也能隐约感受东吴经师的神采，不亦说乎？

三、杏林尤氏

高启的一枝红梅于太湖碧波一晃，小红豆先生又过去了一百来年，在这镇湖的西华街，出了悬壶济世的一代名医，名闻遐迩。"尤氏针灸"这脉吴医名门，就在此地发源。

"尤氏针灸"起于近代苏州名医尤松泉。

尤松泉，名廷英，生于1848年秋，祖居吴县西华乡（今属镇湖）寺桥头尤家墙门，父亲务农，兼做木匠以贴补家用。那时，该地从医的有好几家，擅长针灸者更多，如许兆熊、金兆麟父子。尤松泉从13岁起就跟着外祖父许竹峰学医，学习刻苦，深得真传，不久就挂牌行医。

一个偶然的机会，尤先生结识了青浦举人张家镇，被邀去青浦镇上开设诊所，后又去崇明、横泾等地行医数年；1880年，迁居苏州胥门外的小日晖桥26号定居开业。九松泉精于针灸，对疯痨臌膈（内科四大顽症）、文武痴癫、妇女经带及疑难杂症都有丰富的临床经验，有"小日晖桥一根针"的美名。

据记载，曾任两广总督的岑春煊因腰肌劳损而疼痛不已，特别是在阴雨天，常常痛得腰都直不起来。家人焦急万分，遍寻苏城郎中求治，好一阵差一阵，效果都不明显。病急乱投医，就抱着试试看的想法来找中医针灸了。九松泉为其针灸，取深针探穴，疼痛没几天就消除了，后来居然一直没有复发。

自此，胥门外的九氏诊所名声大噪、门庭若市，九松泉又被人誉为"针仙"。

九氏诊所有个不成文的规矩：诊前不言钱。不问病家钱多钱少，望诊问切，这中医就诊必过的几道环节，一道也不会少。这是因为，九松泉始终记着外祖父许竹峰留下的遗训，投身杏林，必须立志以苍生为念，体恤病家难处，做一个仗义行医的光明磊落之人。

九松泉四子，均先后继承父业，但都中年英逝。继承家业的重任就落在了长孙九皞民身上。九皞民对"九氏针灸"的钻研甚于父辈，讲究"子午流注针术"，选穴严谨；主张针灸医生以针与灸为主，药物辅之；进针手法是以左手中指重压穴位，右手指持针，以极小幅度捻转进针，指力柔中有刚，具有"少、浅、轻、慢"的特点，成为吴门针灸流派的又一特色。他对家传针法的探索和改进，源于对病人的关爱，既要注重治疗效果，也要减少病人痛苦。

尤熻民与祖父做法不同的是，他打破了"传内不传外"的家规，除将医术授予子、女、媳、婿外，就是外人只要肯学，他也收为徒弟，前前后后带过12个徒弟。

尤家第四代"怀"字辈传人有8人继承祖业，从事针灸临床，这是尤氏针灸兴盛辉煌的一代。尤其是尤怀玉从14岁起就从父尤熻民习医，18岁就开始挂牌行医。中华人民共和国成立后，为发扬祖国医学遗产，尤怀玉挑起了苏州市中医院创建初期针灸专科的大梁。1964年，尤怀玉受国家委派赴蒙古国任针灸专家；1976年，又担任南京中医学院国际针灸班讲师。

尤家第五代有小姝、小鹤、小龙姐弟传承祖业，执针疗病。

如今，"尤氏针灸"这棵根深蒂固的杏林老树在西华街发轫，历经风风雨雨，深深扎根在苏州这片古老的土地上，已是枝繁叶茂，光耀尤门。

四、气壮山河

接下来要说一说李根源先生。

上面说惠栋时，在他的墓碑题字上有"腾冲后学李根源敬题书"。对，这里要说的李根源就是这位来自云南腾冲的文武双全的民国名士。李根源于1879年出生在云南腾冲，1903年考入昆明高等学堂，次年留学日本，参加孙中山倡导的同盟会。1908年回国创建云南讲武堂任监督，升总办（校长），朱德是其破例招收的非云南籍学生，师生关系非同寻常。1911年继武昌起义后，李根源与蔡锷在昆明举行云南起义光复云南，任军政部长。黎元洪两次当总统时，李根源两度出山，先后任陕西省省长、农商总长直至国务总理。1923年，曹锟贿选当上了大总统，李坚决反对，愤而退出北洋政府，离政息影，全家搬到苏州阙园定居，直到1937年日寇进攻苏州才被迫离开。他在苏州生活了14年。

1927年，李根源的母亲阚太夫人去世，李根源看中了背靠太湖的穹窿山余脉小王山，于次年买地葬母。他是个大孝子，苦心经营小王山，植树造林，引道开山，疏泉凿石，辟景成胜，连年植松树十万株，营造了独具匠心的松海十景，令人陶醉，驰名京沪。

小王山的声名不胫而走，李根源的同僚、故友、军政显要，以及各地的社会名流、文人墨客纷纷慕名而来，如章太炎、陈石遗、于右任、陈去病、李烈钧、沈钧儒、张大千等，还有吴昌硕、谭延恺、蔡锷、黎元洪、章士钊等人，或会葬、或展拜、或赏景，纵论天下，挥毫抒情，汇集了众多的诗文墨迹。这又为李根源带来了文化资源，他雇了两名刻石高匠花费数年拂拭堑岩，将这些名人手迹刻于小王山石壁，创造了被誉为"现代名人书法艺术博览馆"的小王山石刻，令人叹为观止。

最让国人肃然起敬的，还是李根源的抗日爱国义举。

1932年"一·二八"淞沪抗战起，李根源投身后援，撰写文章，发表演说，募捐劳军，救治伤员，为阵亡将士筹款筑"英雄冢"，送葬时亲自执绋前导。1937年"七七事变""八一三事变"后，全民抗敌，李根源偕张一麐倡导组织"老子军"作主体军旅之辅助，虽未获准，但其气势磅礴，足以振励国人。

1937年底，苏州沦陷前夕李根源离开小王山，返回云南复出政坛，任云贵监察使，日寇由缅甸犯滇西，李根源驰赴保山。1942年5月初，亚洲战局突变。日寇攻陷缅甸，杀气腾腾地自畹町入侵云南，占龙陵、陷腾冲，直抵怒江西岸。一大批军政大员望风而逃，日寇又出动大批飞机轰炸保山，欲东渡怒江，滇西告急。一时间悲观情绪蔓延，主张放弃保山之声高涨，当局开始破坏滇西与外地联系之公路，以备弃守。李根源闻讯，急电告蒋介石，力主固守保山，63岁的李根源不顾个人安危，前往保山，冒日寇之轰炸，宣慰军民，组织抗敌，同时发表《敬告滇西父老书》，以鼓舞军民士气。这篇文章大义凛然、激情澎湃，极大地鼓舞了各族人民的抗战勇气，全国各大报刊纷纷转载，民众热血沸腾，踊跃参军奔赴抗战前线。之后，李根源又拒绝朋友劝告，声明"誓与保山共存亡"，坚守保山前线，用实际行动扭转了民众的悲观情绪，使军民一心，固守怒江，最终粉碎了日寇东渡怒江的计划，为固守滇西、反攻日寇做出了重大贡献。

晚清秀才出身的李根源，文学修养极其深厚，但他明白，秉笔直书呼唤父老乡亲，无需华丽辞藻，只需坦诚相见，以质朴语言陈述危机，控诉敌寇罪行，强调滇西战略地位的重要性。这封信约一千四百字，写得荡气回肠，深深打动了无数爱国人士，不妨摘录一二：

根源生长迤西，滇西是我的桑梓，也是我父老祖宗坟茔庐墓的所在地，现在敌人打进我们的家乡来了。看看腊戌撤退后滇西公私损失奇重，真所谓生灵涂炭，哀鸿遍野；看看五月四、五两日保山遭受兽机的轰炸，颓垣败墙，血肉横飞，迤西重镇化为灰烬，保山县城立成死市，鸦狗群聚，时疫蔓延，举世闻悉，同声愤慨，百年浩劫，惨不忍睹。根源闻此，能不动心！乃奉蒋委员长电令、龙主席委托和监察院的催促，扶病西来，冒暑远征。我带来一个衰病者老年之身，带来一颗纯洁的赤诚之心，坦白地诚挚地希望诸父老共体时艰，懔然于国难、乡难的加深，大家齐心一致，坚定最后胜利的信心……

最终，保卫怒江，全歼顽敌，收复腾冲，大涨民族士气。如他在苏州修建"英雄冢"一样，在他倡议下建立了此战役阵亡将士"腾冲国殇墓园"。抗战胜利后，李根源再次辞职退出政坛，继续他的地方考察研究和著作，直到中华人民共和国成立。李根源的人生经历了清朝、民国、中华人民共和国成立等多个历史时期，起伏跌宕，一生充满了传奇色彩，而李根源作为孝子与小王山的一段渊源，又让此山增添了侠骨柔情，自然也增添了瞻仰和游览价值。

整修后焕然一新的小王山景区，在这里观的是石刻松海，颂扬的是松柏精神。正门入口处，挂有题着"小隆中"的匾额，章太炎夫人汤国梨游此山松海后赋有一诗，李根源在此诗的基础上和诗一首，从而得来。汤诗写道："探胜不辞远，栖山莫怨深。苍茫松海里，应有蛰龙吟。"李根源和诗："苟全于乱世，不觉入山深，高卧小隆中，聊为梁父吟。""小隆中"当然源于三国卧龙先生诸葛孔明的隆中，以此暗指自己是心仪隐居卧龙岗的散淡之人。

李根源在苏州期间做了许多好事，深受百姓的称赞，为了纪念这位爱国爱民的老人，景区根据国画大师徐悲鸿绘制的李根源像，新建了国内最高的李根源石像，高6.5米，重20吨，游览仰视之，不由得心潮澎湃。

五、古村书香

讲了古代、近代、现代的故事，接下来我们应该讲一个当代苏州人的故事，他与树山这片温山软水有关。不但今天有关，或许明后天也有关。他叫朱巍，一个被清华大学有意录取，但为了能照顾祖母而就近选择了浙江大学的孝顺孙子。

1987年，桂花飘香的季节，苏州城西的胥城大厦试营业。当时大厦的左右都还是平房，后面还是农田菜地。几年后，学工科的朱巍走进了这座大厦，并一步步成为总经理。

这座苏州邻胥门的建筑，现在不是太显眼，但三十年前却是苏州最知名的酒店之一，对苏州后来的发展做出过重大贡献。明里可见的，是胥城大厦以其气势恢宏、古朴典雅的外形而受到世人的瞩目，被当时媒体誉为"姑苏第

一楼"，住店客人入客房要乘电梯，引领苏州城向空间发展。暗里不可见的，是苏州外向型经济的发展成型，多少计划在这里酝酿，多少合同在这里签字，连筹建苏州高新区的许多决策，以及众多海外客商前来洽谈，都是足尖先点这里。这座建筑，就像是苏州高新区的一座桥头堡。

拉开苏州外向型经济大幕，并助推苏州经济火箭般腾飞的苏州高新区，就是从这大厦门前的大道，带着大厦的瞩目，越过大运河上的狮山桥，卓然崛起于狮山之下，太湖之滨。

作为苏州经济发展和转型的一个重要标志，苏州城西苏州高新区的强势崛起，不只是新的经济增长点，更带给人们开放包容的飞跃，观念更新。苏州经济文化需要苏州高新区，苏州人更需要苏州高新区。

朱巍也被吸引进了苏州高新区。他步出胥城大厦，从三香路向西，越过狮山桥，进入苏州高新区。在狮山桥上，最先看到苏州高新区有一条醒目的条幅：发展是硬道理。朱巍微微一笑。他将苏州高新区当成了自己的良师益友。朱巍需要苏州高新区，苏州高新区也需要朱巍。朱巍这次进入苏州高新区，是看中了高新区辖区中的生态宝地——树山，他将他一手创办的遍布全国而以华东为主的书香世家连锁店的一个重要分店——树山温泉度假酒店，像一枚棋子一样，拍在了他的棋盘中。

这家高品质的度假酒店，设在大阳山国家森林公园树山生态度假村，彼此情投意合，浑然天成！

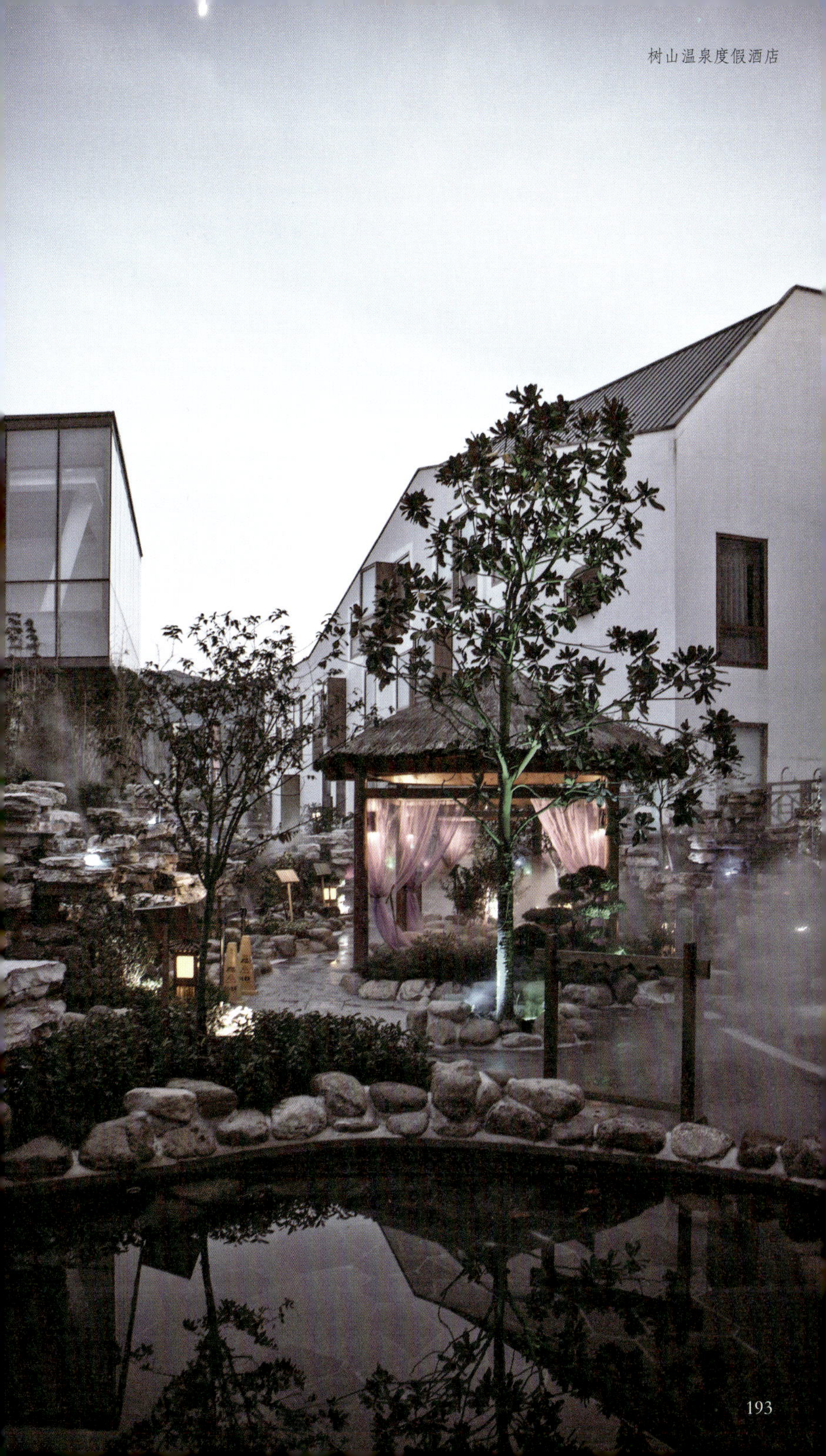

古朴宁静的生态村不是不能投资，而是看你怎样投资。你知道这树山古村的前世今生吗？你是怀揣虔诚和敬畏来的吗？你做足功课有了完备的规划方案吗？朱巍都自信地点头。甚至，他来了以后，那些尾随而来的人看了他的书香世家酒店，都不好意思再插足进来，就像一个惯常高腔大嗓的人，到了高档的文明场所，乖乖地压低了声音。又如一个没有卫生素养者，手上一张废纸原本准备捏成团掷在地上，但看到洁净如洗的地面，手在半空犹豫了，想一想，最终还是将纸团装进了自己的口袋。

朱巍到树山，他和他的书香世家同仁们，无形中给树山设置了一道门槛或篱笆，一道文明门槛，一道教养的篱笆。

朱巍在这里开设书香世家，不是盯着客人的口袋，而是在客人的手和脚上做文章，他要客人的手慢下来，脚步轻下来。他将树山村，看成是自己的祖母！

苏州书香世家树山温泉度假酒店坐拥苏南地区第一口花岗岩裂隙型温泉井，是符合国家医疗热矿泉标准的温泉休闲度假基地，投身院落式露天温泉，让人犹如置身世外桃源，与大自然美妙融合。水温能促进血液循环，消除疲劳，并有效预防疾病。关键是慢下来，静下来，欲速则不达，慢才能摆脱浮躁，静才能生智慧。

这家酒店，让树山不但能吸引人，更能留住人。

为丰富书香特色体验活动，提升会员黏度，他们组织策划了千人环古城健身步道徒步活动、树山植树、醉美探花行、一生一课安全夏令营、书香茶论等具有较大市场影响力的活动。还定制衣服帽子，邀请苏州城的孩子与他们的父母一同来捡生活垃圾，投身生态公益。十多年来，酒店与周围农家实现了双赢。他们已经完全与古朴的山村水乳交融。

请看看他们刚刚进行的一连串梨花节活动方案：

1. "泉山39℃杯"树山全国摄影大展

地点：通安镇、科技城等

内容：征集以通安镇、科技城等周边自然风光、历史人文、旅游生态建设为主题的摄影作品。

2. 七公里音乐趣味跑

地点：树山7公里健身道

内容：苏州首个大规模以动漫音乐为主题的跑步活动。

3. 苏帮木桶民俗文化巡礼

地点：树山商业街游客中心

内容：对传统苏帮木桶的工艺技法、功能使用及民俗知识，通过实景搭建及图片进行介绍。

4. 树山梨树认养

地点：树山村梨园

内容：针对树山村局部梨园梨树进行认养，4月8日安排统一认养仪式。由树山村村民负责日常养护，认养者待果实成熟后收获，进行统一打包后由顾客带回。

5. 树山亲子定向赛

地点：树山村

内容：通过网络报名、抽签方式，抽取100户家庭，到树山开展亲子定向赛。

6. 赏梨花·品美食·泡温泉·栖民宿

地点：树山村及"树盟"各成员单位

内容：树山旅游联盟成员单位各自组织、实施围绕"梨花节"推出的美食、温泉、住宿等优惠活动。

从这些方案也可以看出，太湖边的这些古村落，要多几个朱巍才好。再有十个八个朱巍，这些古村落的明天和后天，将会更美好。树山将更树山，太湖也将更太湖。

六、银针金指

镇湖八千绣娘，得太湖之灵秀，用她们兰花般的纤纤巧手，在绣花棚上穿针引线，绣得蜂飞蝶舞，幽兰飘芬，将几千年的苏绣技艺不断推向高峰。这里的珍品，常常作为国礼闪耀在世界的舞台上，幻化出惊艳的赞叹。

苏绣，就是苏州的一张亮丽的名片。

传说有载，苏绣起源于泰伯、仲雍兄弟俩奔吴之时。当时土著吴人为了劳作方便和抵御水中毒蛇水怪，实行"断发文身"，在身上刺青，以期达到以毒攻毒的效果。但这样抛开审美不说，对身体健康还有害。仲雍想改变这种习惯，但又苦于无良策。仲雍的小女儿女红在做针线活时，不小心刺破了自己的手指，一滴血染红了白色的绸衣，为了遮掩，她尝试着在血印上用红线绣出一朵红梅，

就此发明了刺绣。这种绣有花纹的衣物比身上的刺青更美丽，仲雍第一个穿在身上下水，水蛇见了吓得逃遁，推广开来，使得土著吴人一改以往的刺青陋习。后人为了纪念这一伟大的发明，就将针线手工活，都叫"女红"。

受这个传说的启发，我有时觉得亮闪闪的绣花针，也如同中华传统的针灸之银针，寓审美与健康于一身，有益于民族的心灵和肌体。

而看着绣花绷，我竟然将之联想成了泱泱太湖，其波澜千变万化，出神入化。绣娘如美神飞天，在三万顷碧波上翩翩起舞，娱天娱地，娱人娱己。

本书的最后一小节，我们选一位镇湖绣娘说说吧。

她叫姚建萍，1967年4月6日出生于镇湖，是著名苏绣艺术家，研究员级高级工艺美术师，国家级非物质文化遗产项目（苏绣）代表性传承人，被誉为"苏绣皇后"。她又是中国文联第八届全国委员会委员，全国"三八"红旗手，全国十大艺术英才，联合国教科文组织授予她"民间工艺美术大师"荣誉称号。她还是中国刺绣艺术史上第一个进入国家级艺术殿堂——上海美术馆举办个人艺术展的刺绣艺术家，曾受到党和国家领导人亲切接见。

她人也漂亮，一如其手中活，标准的秀外慧中。人、针、丝、绣融为一体，就成了银针、金指、玉人、兰心。

刺绣作为中国古老的传统技艺已有两千余年的历史。而苏绣以其图案秀丽、构思巧妙、针法活泼、色彩清雅的独特风格，位列中国四大名绣之首。氤氲姑苏，烟雨江南。镇湖是苏绣的主要发源地，早有"户户有棚架，家家会刺绣"的传说，姚建萍自七八岁拿起绣针，在绣架前一坐就是40多年。

取材于周恩来总理晚年接待外宾的最后一张照片绣制而成的《沉思》是姚建萍的得意之作，作品以其细腻的质感、协调的配色、自然的明暗表现与传神的人物刻画，令人折服。

从古至今，一代代苏绣大师缔造着苏绣的辉煌，而姚建萍博采众长，其所独创的"融针绣"，用针融合各种技巧，艺术性地表现出自己想要表达的艺术效果，这无疑是苏绣发展的又一里程碑，开创了当代苏绣艺术的新境界。

国礼苏绣作品 《岁